역사학자 3인이 쓴 정통 한국사

한국사 읽는 어린이 ③

한국사 읽는 어린이 ❸ 조선
- 역사학자 3인이 쓴 정통 한국사

ⓒ 강석화, 김정인, 임기환, 2021

초판 1쇄 발행 2021년 6월 21일 | **초판 4쇄 발행** 2025년 3월 25일 | **ISBN** 979-11-5836-235-5, 979-11-5836-232-4(세트)

펴낸이 임선희 | **펴낸곳** ㈜책읽는곰 | **출판등록** 제2017-000301호 | **주소** 서울시 마포구 성지길 48 | **전화** 02-332-2672~3
팩스 02-338-2672 | **홈페이지** www.bearbooks.co.kr | **전자우편** bear@bearbooks.co.kr | **SNS** Instagram@bearbooks_publishers
편집 오세경, 우지영, 우진영, 이다정, 최아라, 박혜진, 김다예, 윤주영, 도아라, 홍은채 | **디자인** 톡톡, 강효진, 김은지, 강연지, 윤금비
마케팅 정승호, 배현석, 김선아, 이서윤, 백경희, 김현정 | **경영관리** 고성림, 이민종 | **저작권** 민유리
도움준이 이인석, 황은희(원고 검토, 생각 넓히기 집필), 북앤포토(사진 진행)
협력업체 이피에스, 두성피앤엘, 월드페이퍼, 원방드라이보드, 해인문화사, 으뜸래핑, 문화유통북스

이 책은 저작권법에 따라 보호받는 저작물이므로 무단 전재와 무단 복제를 금합니다.
이 책 내용의 전부 또는 일부를 사용하시려면 반드시 저작권자와 출판사의 동의를 얻어야 합니다.

KC마크는 이 제품이 공통안전기준에 적합하였음을 의미합니다.
제조국 : 대한민국 | 사용 연령 : 3세 이상
책 모서리에 부딪히거나 종이에 베이지 않도록 주의해 주세요.

역사학자 3인이 쓴 정통 한국사

한국사 읽는 어린이

글 강석화·김정인·임기환
그림 서영

③ 조선

역사란 무엇일까? 왜 역사를 배워야 할까?

 역사란 과거에 살았던 사람들의 이야기예요. 우리는 역사 공부를 통해 우리와 다른 시간, 다른 환경에 있었던 사람들이 어떻게 살았는지, 어떤 생각을 했는지, 어떤 기준으로 어떤 선택을 했는지 알게 되지요. 이처럼 과거에 살았던 사람들의 삶을 알아보고, 이를 바탕으로 우리는 어떻게 오늘을 살아야 하고 어떤 시각으로 세상을 보아야 하며 어떻게 세상과 만나야 할지를 스스로 깨닫게 됩니다. 그게 바로 역사를 배워야 하는 이유겠지요. 하지만 그러한 깨달음도 고정된 것은 아니에요. 더 많은 정보를 얻고 새로운 사실을 알게 되면 계속 바뀌게 마련이지요. 그러니까 열린 마음으로 꾸준히 공부하고 많은 사람들과 대화해야 한답니다. - 강석화

"어려워, 어려워!"
초등학교에서 막 역사를 배운 친구가 말했어요.
"뭐가 어려워?"
"뭔지는 모르겠는데, 아무튼 어려워!"
하긴 뭐가 어려운지 알면 그건 어려운 게 아니겠지요? 그 친구가 중학생이 되어 역사를 배우더니 이렇게 말했어요.
"아, 내가 초등학교에서 역사를 배우면서 뭐가 어려웠는지 이제 알겠다! 고려 다음에 조선이라는 나라가 있는 건 알겠는데, 세종 대왕과 이순신 중에 누가 먼저 태어났는지는 정말 헷갈렸거든."

아하, 그랬군요. 역사 속 인물에게는 태어난 순서가, 사건에는 일어난 순서가 있는데, 그걸 외우는 게 어려웠던 거군요.

하지만 역사에는 순서보다 더 중요한 게 있어요. 지금 어린이 여러분이 만나는 세상은 가족과 학교가 전부겠지만, 하루하루 커 가면서 만나는 세상은 점점 넓어질 거예요. 옛날에 살았던 사람들과 사건들을 익히는 역사 공부는 어린이가 넓은 세상으로 나아가는 데 꼭 필요해요. 넓은 세상을 미리 공부하는 예습인 셈이죠. 재미있게 역사 공부하기를 바라는 마음에서 선생님이 들려주듯 이 책을 썼어요. 이런 마음이 어린이 여러분과 통했으면 좋겠어요. - 김정인

 "왜 우리 역사를 공부하게 되었어요?"
선생님이 가장 많이 받는 질문이에요.
"역사가 재미있잖아요!" 이런 대답에 어떤 학생들은 또 이렇게 되묻지요.
"뭐가 재미있어요? 외울 것도 많고, 너무 복잡해서 머리만 아프던데요!"
역사가 재미있다는 말이 이해가 되지 않는다고 고개를 갸우뚱하는 학생들에게 선생님이 들려주는 이야기가 있어요.

초등학교 5학년 때 일이었어요. 우연히 할아버지가 읽던 《삼국지》를 펼쳐 보았는데, 유비와 조조, 제갈공명 같은 인물들이 펼쳐 가는 이야기가 너무 재미있어서 푹 빠져들게 되었죠. 그러면서 나중에 크면 꼭 역사를 공부하겠다고 마음먹었고요.

저처럼 많은 어린이들이 역사를 재미있어 하고 좋아하기를 바라는 마음에서 이 책을 쓰게 되었어요. 역사 공부는 옛날에 일어난 일을 무작정 외우는 게 아니에요. 옛사람이 남긴 기록과 유물을 탐색하고, 그들이 살았던 시간과 공간을 간접적으로 체험하면서 그들이 살아온 모습을 들여다보는 거예요. 이를 통해 미래를 준비하는 거지요. 어린이 여러분이 이 책에 담긴 옛사람들의 이야기를 즐겁게 읽으면서 우리 역사를 좋아하게 되기를 바랍니다. - 임기환

차례

작가의 말 • 4
3인의 역사 교수님을 소개합니다 • 9

1장 조선의 건국과 체제 정비 • 10
생각 넓히기 • 21
더 알아보기 - 조선의 정치 기구 • 22

2장 세종의 업적 • 24
쟁점 토론 - 최만리는 왜 훈민정음 창제에 반대했나요? • 36
생각 넓히기 • 37

3장 사림의 등장과 사화 • 38
인물 탐구 - 사육신은 어떤 사람들이었나요? • 52
생각 넓히기 • 53

4장 유교의 나라 조선 • 54
생각 넓히기 • 65

5장 신분 제도와 생활 모습 • 66
사건 탐구 - 왕은 하루를 어떻게 보냈나요? • 78
생각 넓히기 • 79

6장 조선 시대의 사회 제도 • 80
생각 넓히기 • 95

7장 임진왜란 · 96
사건 탐구 - 신립 장군은 왜 벌판에서 일본군과 싸웠나요? · 112
생각 넓히기 · 113

8장 병자호란 · 114
쟁점 토론 - 청과 계속 싸워야 했을까요? 항복해야 했을까요? · 128
생각 넓히기 · 129

9장 전쟁의 극복과 영토 확보 · 130
사건 탐구 - 간도 문제는 어떻게 생기게 되었나요? · 142
생각 넓히기 · 143

10장 당쟁의 격화 · 144
쟁점 토론 - 붕당 정치에도 좋은 점이 있나요? · 156
생각 넓히기 · 157

11장 영조와 정조의 탕평 정치 · 158
사건 탐구 - 《화성 성역 의궤》는 어떤 책인가요? · 168
생각 넓히기 · 169

12장 신분제의 동요 · 170
쟁점 토론 - 공명첩을 사서 양반이 되는 것은 나쁜 일일까요? · 182
생각 넓히기 · 183

13장 조선 후기의 경제적 변화 · 184
인물 탐구 - 의주 상인 임상옥은 어떤 사람이었나요? · 198
생각 넓히기 · 199

14장 새로운 학문의 등장 · 200
인물 탐구 - 실학자 박지원은 어떤 사람이었나요? · 212
생각 넓히기 · 213

15장 문화와 예술의 변화 · 214
인물 탐구 - 천재 화가 김홍도는 어떤 그림을 그렸나요? · 226
생각 넓히기 · 227

16장 세도 정치와 민중의 저항 · 228
사건 탐구 - 진주 민란은 왜 일어났나요? · 240
생각 넓히기 · 241

17장 새로운 종교와 사상 · 242
사건 탐구 - 천주교는 어떻게 동양에 전파되었나요? · 252
생각 넓히기 · 253

18장 대원군의 집권과 중흥 노력 · 254
사건 탐구 - 프랑스가 가져간 외규장각 도서는 어떻게 돌아오게 되었나요? · 264
생각 넓히기 · 265

연표 · 266
찾아보기 · 268
사진 제공 · 270

3인의 역사 교수님을 소개합니다

임기환
난 선사 시대부터 고려 시대 전기까지를 안내할 임기환 선생님이야. 조용하고 혼자 있는 걸 좋아하며 소극적인 편이야. 아무것도 안 하고 노는 것을 좋아하지. 특별히 아끼는 것은 아니지만 항상 손목시계를 차고 다녀. 여행과 등산을 좋아하지만, 다른 운동은 싫어해. 요즘은 고양이 키우기와 길고양이 돌보기에 빠져 있어.

강석화
난 고려 시대 후기부터 조선 시대까지를 안내할 강석화 선생님이야. 겉보기에는 활발해 보이지만 조금 소심한 편이야. 낯을 많이 가리는 편이지. 행동은 느리지만 검도를 할 때는 좀 달라. 이래 봬도 3단이라고! 요즘은 자전거 타기와 요트를 즐기고 있어. 혼자서 책을 읽거나 가족과 여행하는 것, 친구들과 수다 떠는 것을 좋아해.

김정인
근대와 현대를 담당하는 김정인 선생님이야. 난 웬만하면 스트레스를 받지 않고 화도 내지 않는 편이야. 항상 웃는 얼굴이라 놀림을 받은 적도 있지. 특별히 싫어하는 일은 없고, 운동을 아주 좋아해서 야구장에 직접 응원을 가기도 해. 가장 좋아하는 일은 공부하기야. 그래서 지치고 힘들 때면 공부를 한단다. 이상하니?

# 1장 조선의 건국과 체제 정비

여기는 새 나라 조선의 수도인 한양의 육조 거리야. 지금의 광화문 광장이 있는 곳이지. 길이 아주 크고 잘 정리되어 있어. 그런데 사람들이 관복을 차려 입고 급히 가고 있네. 모두들 어디에, 무슨 일로 가는 걸까?

질문 있어요!

저기, 궁금한 게 있어요!

무엇이든 물어보세요!

휴~! 어제는 깜빡 늦잠을 자는 바람에 늦을 뻔 했어요. 이제 조선이라는 나라가 새로 세워졌으니, 고려 때처럼 혼란스럽지는 않겠지요?

아무래도 건국 초기니까 나라를 안정시키려 노력하겠지요!

이제는 마음 편히 살 수 있겠네요!

나라가 새로 세워지고 새로운 수도 한양도 건설되었어. 하지만 정치 제도에 대한 의견 대립, 왕권을 둘러싼 왕자들의 싸움으로 나라가 안정되기까지는 시간이 더 필요했단다.

1392 조선이 세워지다.

1434 《삼강행실도》를 만들어 보급하다.

1443 훈민정음을 만들다.

1519 기묘사화가 일어나다.

새 나라의 새 이름, 조선

새 나라 조선이 세워졌어. 첫 임금인 태조 이성계는 정도전 등 신하들의 의견을 따라 나라 이름을 조선이라 했어. 조선은 우리 역사에서 처음 등장한 나라의 이름이야. 그 이름을 이어받아 오랜 역사와 고유한 문화를 가진 나라임을 강조하려는 것이었지. 이와 함께 새 나라의 수도를 개경에서 지금의 서울인 한양으로 옮겼어. 왜 그랬을까? 개경은 고려 왕조의 도읍이었어. 역사도 오래되고 문화나 경제도 발전했어. 하지만 새 나라에 반대하고 끝까지 고려에 충성하는 사람들이 많았어. 그래서 새 왕조는 새 도읍에서 시작해야 한다는 목소리가 높았지. 그래야 새 나라가 추진하는 여러 정책을 제대로 펼 수 있기 때문이었어.

새 도읍지 한양은 한반도 중앙에 있어서 전국을 연결하기에 좋았어. 서해로 이어지는 한강을 끼고 있어서, 전라도와 충청도, 경상도 등 남쪽 지역에서 바다를 통해 물자를 옮기기에 편리했지. 그 당시에는 육지보다는 강이나 바다를 통해 물자를 운송하는 일이 많았거든. 또 남한강과 북한강을 통해 강원도와 충청도, 경상도 내륙의 물자도 편리하게 운송할 수 있었어. 그리고 주변에 높은 산들이 있어 외적의 침입을 막아 내기에도 유리했어. 한양을 새 수도로 정한 후에는 종묘와 사직, 그리고 왕이 사는 궁궐인 경복궁을 지었어. 종묘는 왕실의 조상신에게 제사 지내는 곳이고, 사직은 토지와 오곡의 신에게 제사 지내는 곳이야. 궁궐 정문인 광화문 앞으로는 큰길을

지금 세종 대왕과 이순신 장군 동상이 서 있는 이 큰길이 조선 시대에 관청이 들어서 있던 6조 거리야.

종묘에서는 나라와 왕실의 평안을 기원하며 왕실의 조상신에게 제사를 지냈어.

흥인지문(동대문)
특이하게 반달 모양의 옹성으로 둘러싸여 있어. 보물 1호야.

큰 종을 걸어 놓기 위해 만든 누각인 보신각이야. 종각이라고 부르기도 해. 예전에는 시각을 알리기 위해 종을 쳤어.

닦고, 길 양쪽에 이조, 호조, 예조, 병조, 형조, 공조 등의 관청을 세웠지. 그래서 이 길을 6조 거리라고 불렀어. 앞(10~11쪽)에서 보았던 것이 관리들이 아침에 6조 거리를 통해 궁궐이나 관청으로 출근하는 모습이야. 모두 늦지 않으려고 아침 일찍부터 서둘렀어. 6조 거리는 지금 세종 대왕과 이순신 장군의 동상이 서 있는 바로 그 큰길이란다.

궁궐과 관청을 세운 뒤에는 새 도읍지를 지키기 위해 둘레가 17킬로미터에 이르는 성벽을 쌓았어. 성벽에는 사방으로 통할 수 있도록 대문 4개와 작은 문 4개를 만들었지. 동쪽의 대문(동대문)은 흥인지문, 서쪽의 대문(서대문)은 돈의문, 남쪽의 대문(남대문)은 숭례문, 북쪽의 대문(북대문)은 소지문(나중에 숙정문으로 바뀜)이라 했어. 또 한양의 중앙에는 종각을 세우고 큰 북과 종을 걸어 시각을 알리도록 했지.

그런데 각 대문의 이름을 보면 유교의 기본 이념을 나타내는 '인의예지'의 글자들이 하나씩 들어가 있어. 왜 유교의 기본 이념을 나타내는 글자를 넣어 이름을 지었을까? 조선을 세우는 데 큰 공을 세운 신진 사대부는 유교 중에서도 성리학을 바탕으로 나라를 다스리고자 했어. 고려 시대에도 유교의 가르침을 따르기는 했지만 그보다는 불교의 영향이 컸어. 특히 고려 말에는 많은 절들이 넓은 토지를 소유하고 노비들을 거느리며, 백성들을 돕기는커녕 더 힘들게 했지. 또 승려가 되면 세금을 내지 않아도 되기 때문에 많은 사람들이 승려가 되었어. 이 때문에 세금이 줄어들어 국가의 재정이 부실해졌고, 그 부담을 다른 백성들이 짊어져야 하는 문제가 생겼어. 그래서 조선에서는 불교 대신에 유교의 가르침에 따라 나라를 다스리고자 했던 거야. 이를 위해 유교의 가르침을 강조하려고 유교의 기본 이념을 나타내는 글자를 넣어 4대문의 이름을 지은 거란다.

왕자의 난과 태종의 즉위

새로운 나라를 세우고 수도를 옮긴 뒤에 큰 싸움이 일어났어. 정치 제도를 정하는 문제와 왕위를 물려받을 세자를 정하는 문제를 두고 다툼이 벌어진 거야. 이방원 등의 왕실 세력과 정도전이나 권근 등 조선을 세우는 데 앞장선 공신들 사이에 의견이 엇갈렸지. 이들은 고려를 없애고 조선을 세우는 것에는 힘을 합쳤지만, 새 나라의 정치 제도에 대해서는 의견이 달랐어.

이방원을 비롯한 왕실 세력은 왕의 권한을 강하게 만들고자 했어. 새로 나라를 세웠으니 새 나라에 맞게 여러 가지 개혁을 추진해야 했어. 또 여전히 고려에 충성하는 마음을 가진 사람들도 있었기 때문에 그들을 억누를 필요도 있었지. 이들은 고려 말에 여러 세력들이 다투면서 나라가 어지러워지는 것을 보았기 때문에, 이를 막기 위해서는 왕이 강한 힘을 가지고 나라를 이끌어야 한다고 생각했던 거야. 이들은 행정 업무를 맡은 여러 관청에서 왕에게 직접 보고하고, 왕의 허가나 명령을 받아 일을 하도록 해야 한다는 입장이었어.

이에 비해 정도전을 비롯한 공신 세력의 생각은 달랐어. 이들은 직급이 높은 관리인 재상들의 권한을 중요하게 생각했어. 그래서 재상 중심의 정치

제도가 새 나라에 꼭 필요하다고 주장했지. 재상 중심의 정치란 재상들이 모여서 국가의 중요한 일을 상의하여 결정하고, 이를 왕에게 건의하면 왕이 허가를 하는 정치 방식이야. 이들은 왜 이렇게 생각했을까? 나라의 임금이 한 번 정해지면 그 후손들이 대대로 임금의 자리를 이어받게 되어 있어. 하지만 이성계의 후손이라 해도, 임금이 되는 사람 모두가 훌륭한 능력을 갖출 수는 없어. 반면에 재상은 훌륭한 능력을 가진 사람들이 될 것이라고 생각했어. 왜냐하면 학문과 능력을 갖춘 사람들 중에서 과거 시험을 거쳐 관리를 뽑고, 그 후에도 끊임없이 능력을 검증받은 사람들이 재상이 되는 것이니까 말이야. 그러니까 왕의 아들로 태어났다는 이유만으로 왕이 된 사람보다는, 능력을 검증받은 재상이 나라를 이끌어 가는 것이 더 좋은 방법이라고 생각했던 거야.

이처럼 정치 제도를 둘러싸고 의견이 엇갈리는 중에, 정도전은 이성계를 설득해서 다음 왕이 될 세자를 이방석으로 정하도록 했어. 이방석은 이성계의 둘째 부인이 낳은 아들인데 이성계의 아들 중 가장 막내였어. 이성계가 바라던 일이기도 했지만, 정도전은 재상 중심의 정치를 하기에 강한 왕보다

는 어린 왕이 나올 거라고 생각했던 거야. 그러자 조선을 세우는 데 큰 역할을 했던 이방원이 자기가 세자가 되지 못한 것에 대해 불만을 품었어. 결국 이방원은 자기가 데리고 있던 군사를 동원하여, 세자 이방석과 그 형인 이방번, 그리고 개국 공신인 정도전과 남은 등을 죽이고 말았지. 이 사건을 '1차 왕자의 난'이라고 해.

자식들끼리 피비린내 나는 싸움을 벌이는 것이 못마땅했던 태조 이성계는 왕위에서 물러났어. 이방원은 동생을 죽이고 왕이 되었다는 비난을 듣지 않으려고, 일단 자신의 형 이방과를 왕으로 세웠지. 이 왕이 조선의 제 2대 왕인 정종이야. 얼마 후 왕자들끼리의 싸움이 한 차례 더 벌어졌고, 이방원이 또 다른 형인 이방간을 제거했어. 이를 '2차 왕자의 난'이라고 해. 그 후 이방원은 정종으로부터 왕위를 물려받아 왕이 되었어. 그가 바로 태종이야.

태종의 왕권 강화와 제도 정비

형제들과의 싸움을 거쳐 왕이 된 태종은 왕의 권한을 강화하기 위해 노력했어. 우선 왕족이나 높은 신하들이 개인적으로 거느리고 있던 군대인 사병을 없앴어. 이제 군대는 모두 나라의 군대가 되었어. 또 권력이 강해서 장차 왕권을 위협할 수 있다고 생각되는 인물이 있으면 미리 없애 버렸지. 이어서 재상 중심이 아니라 왕 중심의 정치 제도를 만들었어. 재상들이 중간에서 논의하던 것을 없애고, 왕이 국가의 크고 작은 일들을 관청으로부터 직접 보고받아 처리하도록 했어. 또 임금과 고위 관리들의 잘못을 비판하는 기관인 사간원을 두어, 전부터 있던 사헌부와 함께 대신들이 잘못하는 일은 없는지 감시하도록 했지. 사헌부는 관리들의 잘못을 감시하고 처벌하는 관청으로, 오늘날의 감사원과 비슷한 곳이야.

태종은 중앙뿐만 아니라 지방도 확실하게 다스리기 위해, 전국을 평안도, 함길도, 황해도, 강원도, 경기도, 충청도, 전라도, 경상도의 8도로 나누었어. 그리고 각 지역을 다스릴 관리도 직접 임명했지. 전국에 걸쳐 호패법을 실시하였는데, 이것은 16세 이상의 남자들이 이름과 사는 곳 등을 적은 호패를 차고 다니게 하는 거야. 지금의 주민등록증과 비슷하다고 할 수 있어. 호패법을 실시한 가장 큰 이유는 백성들이 세금을 잘 내고 군역을 잘 지키도록 하려는 거였어. 세금이나 군역을 피하기 위해 호적에 이름을 올리지 않는 경우가 있었거든. 호패법을 실시하면서 이런 사람들이 없어졌어. 또 전국의 노비를 조사하여 억울하게 노비가 된 사람은 해방시켜 주었어. 이것도 역시 세금을 내는 백성들의 수를 늘리려는 생각에서 한 일이었지. 노비는 나라에 세금을 내지 않았지만, 노비에서 해방이 되어 평민이 되면 나라에 세금을 내야 했기 때문이야.

조선 시대의 신분증이라고 할 수 있는 호패야. 신분에 따라 양반은 상아나 뿔로 만든 호패를 사용했고, 평민은 나무로 만든 호패를 사용했어.

생각 넓히기

1. 생각해 보기

조선을 개국한 뒤에 왕실과 공신들은 나라의 정치 제도를 세우는 것에 대해 서로 의견이 달랐어. 다음 두 입장을 비교해 보고, 나라면 어떤 입장을 지지할지 생각해 보자.

 **방원**: 왕이 중심이 되어 나라를 이끌어 가는 것이 당연합니다. 왕이 국가의 크고 작은 일들을 관청으로부터 직접 보고받아 처리하도록 해야 합니다. 왕은 능력 있는 신하들을 잘 쓰면 됩니다.

 **정도전**: 능력을 검증받은 재상들이 정치의 중심이 되어 나라를 이끌어 가야 합니다. 왕의 아들로 태어났다는 이유만으로 왕이 된 사람보다는, 공부를 많이 하고 능력 있는 재상이 중심이 되어야 합니다.

2. 활동해 보기

조선에서는 새로운 도읍인 한양에 궁궐인 경복궁을 지으면서 종묘와 사직도 함께 세웠어. 종묘와 사직을 세운 이유는 무엇이었는지 생각하여 써 보자.

토지와 오곡의 신에게 제사를 지내는 사직단

왕이 사는 궁궐인 경복궁

왕실의 조상신에게 제사를 지내는 종묘

더 알아보기

조선의 정치 기구

　현재 우리나라의 정부 조직은 대통령 아래에 국무총리, 그 아래에 다시 교육부, 국방부, 외교부 등의 17개 부처가 있어. 각 부처가 각자의 일을 하고 이를 국무총리, 대통령의 순으로 보고하고 지시받도록 되어 있지. 조선 시대의 정치 기구는 어땠을까?

　왕 아래에 의정부가 있고, 그 아래에 각 분야의 업무를 담당하는 6조가 있었어. 6조는 이조와 호조, 예조, 병조, 형조, 공조로 구성되어 있었지. 각 조의 우두머리는 판서, 부책임자는 참판이라고 했어. 의정부는 관료 기구 중에서 최고 기구였어. 영의정과 좌의정, 우의정 3명의 정승이 정책을 논의하여 국왕에게 건의하거나, 국왕과 정승들이 모여서 국가의 중요 사안을 의논했어. 태종 때는 왕권 강화를 위해 왕이 직접 6조의 보고를 받기도 했어. 그렇지만 임금이라고 해도 모든 일을 마음대로 결정할 수는 없었어. 그런 일을 막기 위해 여러 가지 장치가 있었거든.

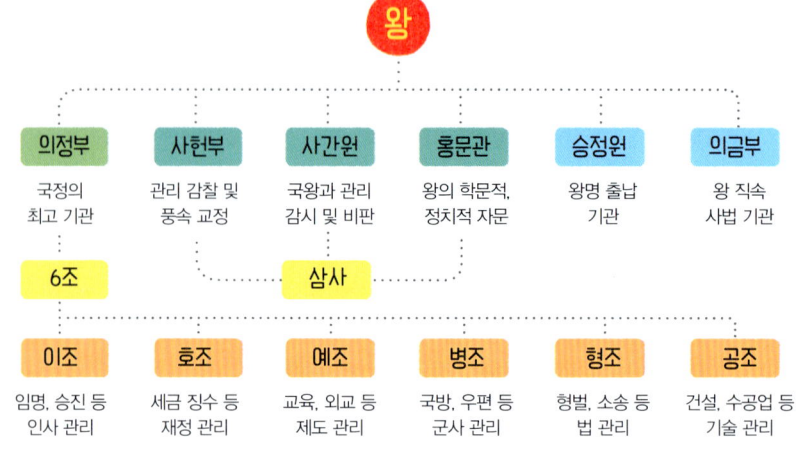

    그 밖에 왕의 업무를 보조하는 기관으로 승정원이 있었어. 승정원에서는 왕의 말과 행동, 오고 간 장소, 신하들과 주고받은 대화, 왕이 내린 지시 사항, 왕에게 올라온 상소문 등 임금과 관련된 모든 내용을 세세하게 매일 기록했어.

    권력을 감시하고 비판하는 언론 기구로는 삼사가 있었어. 사간원, 사헌부, 홍문관이 바로 그것이야. 사간원은 임금이나 고위 관리들의 잘못을 지적하여 바로잡는 것이 주요 임무였고, 사헌부는 관리들의 부정과 잘못을 감시하고 처벌을 건의하는 기능을 가졌어. 홍문관은 연구를 통해 왕에게 정치에 필요한 조언을 하는 정책 부서였지. 이처럼 각각 하는 일은 달랐지만 왕과 관리들이 정치를 바르게 하고 있는지, 잘못하는 일은 없는지 감시하고 비판하는 점은 같았어. 삼사에는 젊고 유능하며 강직한 관료들을 배치하여, 선배 관리나 임금의 잘못을 거리낌 없이 비판하도록 했어. 이처럼 언론 기구가 발달한 것이 조선의 특징이었지.

지금은 광화문 앞에 서 있는 해치 조각상은 원래 사헌부 앞에 있었어. 해치는 해태라고도 하는데, 상상 속의 동물로 옳고 그름을 판단하는 능력이 있다고 해. 그래서 조선 시대에는 해치를 사헌부의 상징으로 삼아서, 사헌부 앞에 조각상을 세웠던 거야.

2장 세종의 업적

여기는 조선 시대 세종 대왕 때의 경복궁이야. 한밤중인데도 관리들이 모여서 무엇인가를 하고 있어. 궁궐 안 높은 대 위에서 관리들은 무엇을 하고 있는 걸까? 또 저 기계처럼 생긴 것은 무엇일까?

1392	1434	**1443**	1519
조선이 세워지다.	《삼강행실도》를 만들어 보급하다.	훈민정음을 만들다.	기묘사화가 일어나다.

훈민정음의 창제

 태종의 뒤를 이은 조선의 제4대 임금 세종은 우리 역사상 가장 많은 문화적 업적을 남긴 왕이야. 세종은 태종의 셋째 아들로 태어나 어려서부터 책 읽기를 좋아하고 학문에 힘썼어. 태종은 처음에는 맏아들인 양녕 대군을 세자로 삼았어. 하지만 그가 공부는 하지 않고 사냥만 하는 등 방탕한 생활을 하자 세자 자리에서 물러나게 했지. 그러고는 셋째인 세종에게 왕위를 물려주었어. 태종은 세종에게 왕을 물려준 뒤에도 정치나 군사에 관련된 중요한 일들은 직접 처리했어. 그가 가장 힘쓴 일은 왕의 권한을 강화하는 것이었어. 그래서 국왕의 권력에 도전할 가능성이 있는 권신이나 외척들을 모두 없애 버렸지. 태종이 이같이 권신들을 없애고 왕권을 강화한 덕분에 세종은 안정된 정치를 펼칠 수 있었어. 맹사성이나 황희 같은 훌륭한 재상들의 도움을 받아, 임금과 신하가 조화를 이루는 정치를 할 수 있었단다.

 세종이 이룬 여러 가지 업적 중에서 가장 중요한 것은 역시 한글을 만든 거야. 세종을 우리가 세종 대왕이라고 높여 부르는 것도 한글, 즉 훈민정음을 만들어 우리들이 편리하게 글을 사용할 수 있도록 했기 때문이지. 옛날부터 우리 조상들은 중국과 다른 우리말을 사용하였지만, 고유의 문자가 없어서 한자를 빌어 기록을 해야 했어. 우리말을 그대로 적지 못하고 뜻글자인 한자로 바꾸어 적어야 했던 거야. 이렇게 사용하는 말과 글자가 서로 달라서 매우 불편했어. 또 한자는 배우기가 아주 어려웠어. 어릴 때부터 한자를 배우고 익힐 수 있었던 양반층은 문자 생활을 하는 데 어려움이 없었어. 하지만 교육받을 기회가 없었던 일반 백성들이나 여성들은 글자를 몰라 매우 불편했지. 법률 조항이나 나라의 문서가 모두 한자로 쓰여 있었기 때문에, 글을 몰라 법을 어기거나 소송 등에서 억울한 일을 당하는 경우가 많았던 거야.

이에 세종은 오랜 연구 끝에 새로운 글자인 훈민정음을 만들었어. 사람의 발음 기관인 입과 혀, 입안의 모양을 본뜨고, 하늘과 땅, 사람을 상징하는 기호를 이용하여 28개의 글자를 만들었지. 이들을 조합하여 다양한 우리말과 한자의 음은 물론, 새소리나 바람 소리 같은 세상의 모든 소리들을 표현할 수 있었어. 소리 나는 대로 적을 수 있게 되었으니 정말 편리했겠지? 한문을 모르던 일반 백성들의 입장에서는 새로 만들어진 훈민정음이 너무 반갑고 좋았을 거야. 훈민정음을 반포하면서 세종은 조선 건국과 역대 왕들의 업적을 찬양하는 《용비어천가》를 한문과 한글로 동시에 지어 널리 알렸어. 백성들에게 조선 건국의 정당성을 알리려는 뜻이었지. 또 한문으로 쓰인 책들과 법조문을 한글로 번역하여, 한문을 모르는 일반 백성들도 쉽게 이해할 수 있도록 했어. 그래서 법조문의 내용과 의미를 누구나 정확히 알게 되어,

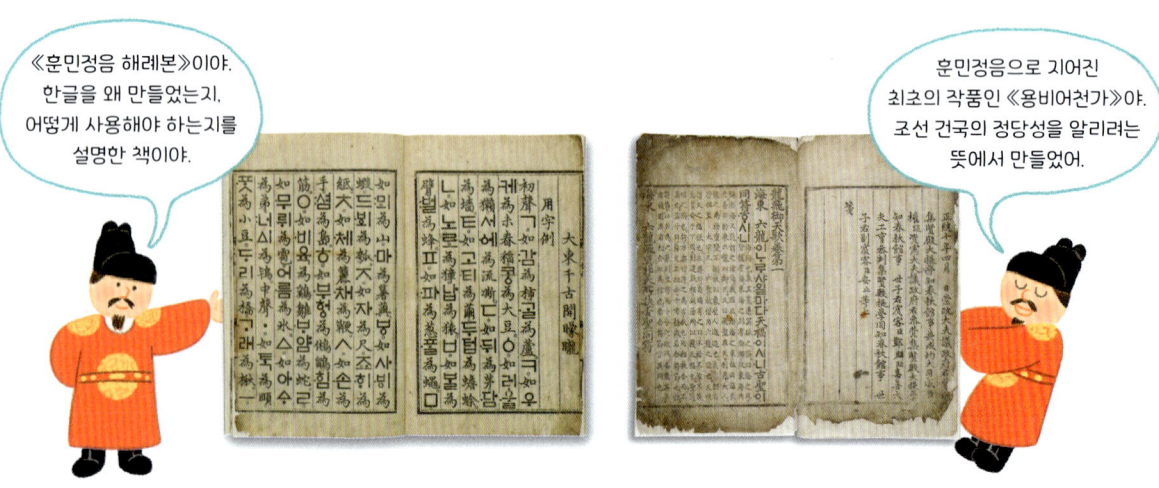

《훈민정음 해례본》이야. 한글을 왜 만들었는지, 어떻게 사용해야 하는지를 설명한 책이야.

훈민정음으로 지어진 최초의 작품인 《용비어천가》야. 조선 건국의 정당성을 알리려는 뜻에서 만들었어.

백성들이 글자를 몰라 억울하게 당하는 일도 줄어들었어. 우리의 정서를 그대로 표현할 수 있게 되면서 시조나 가사, 소설 등 문학 작품의 창작도 활발해졌지. 이처럼 오늘날 우리가 쉽고 편리한 한글을 쓸 수 있게 된 것은 바로 세종 덕분이란다.

과학 기술의 발전

세종이 다스리던 때에는 실생활에 필요한 기술을 포함한 과학 기술도 크게 발전했어. 세종은 당시 선진국인 명나라의 과학 기술을 받아들이는 데 힘썼어. 분야에 따라서는 명나라보다 더 뛰어난 성과를 보이기도 했지. 그 당시 조선은 중국에서 만든 달력을 들여와 사용했어. 하지만 명나라와 조선의 위치가 달랐기 때문에 천문 현상을 관측한 내용이 다를 수밖에 없었고, 따라서 절기가 맞지 않는 일이 많았어. 그런데 절기를 제대로 아는 것은 무척 중요했어. 왜냐하면 절기를 잘 알아야 농사를 잘 지을 수가 있거든. 조선 시대는 농사가 근본인 사회였어. 이에 세종은 직접 천문 현상을 관측하여 조선의 실정에 맞는 달력을 만들고자 했어. 세종은 먼저 천문 관측기구를 직접 제작하게 했어. 이때 혼천의와 대간의 등이 만들어졌지. 이 기구들은 태양과 달, 중요한 별자리를 기구에 표시하고 정밀한 시계와 연결시켜, 계절별로 천문 현상이 어떻게 바뀌는지 자세하게 알 수 있도록 만든 기구였어. 앞(24~25쪽)에서 본 것이 간의대 위에서 관리들이 간의로 천문 현상을 관측하는 모습이야. 천문 관측을 담당하는 관청인 서운관의 관리들이 매일 밤마다 하늘을 관찰하고 기록했어. 이처럼 기구들을 이용하여 천문 현상을 관측하고, 그걸 바탕으로 조선에 맞는 달력을 만들었던 거야.

세종은 또한 정확한 시계도 만들게 했어. 해시계와 물시계가 대표적이야.

세종 때 만들어진 여러 가지 과학 기구

혼천의
천체의 운행과 그 위치를 측정하던 천문 관측기구이다. 세종 때에 장영실 등이 만들었는데, 별자리의 움직임에 맞게 하루에 한 번씩 돌도록 만들었다.

대간의
간의는 천체의 위치를 측정하여 그 각도를 나타내는 관측기구이다. 대간의는 '큰 간의'라는 뜻이다. 대간의를 간의대에 설치하여 천문 현상을 관측했다.

소간의
간의를 보다 작고 간략하게 만든 독창적인 관측기구이다. 세종 때에 만들어 경복궁에 설치했다.

해시계인 앙부일구는 태양의 고도에 따라 그림자의 길이와 방향이 달라지는 것을 이용해서, 절기와 시각을 같이 알려 주는 도구였어. 두 가지를 같이 알려 준다니 신기하지? 물시계는 자격루라 하는데, 일정한 속도로 통에 물방울이 떨어지게 하고 그 수압이나 수위를 이용해서 정확한 시각을 알려 주었지. 하늘에서 내리는 비의 양을 측정하는 측우기도 세계 최초로 만들었어. 비가 언제 얼마나 내렸는지 기록하고 여러 해의 기록을 모아 변화를 파악하도록 했어. 그것을 통해 그해의 농사가 잘될지 아닐지를 가늠하고 그에 따른 대책을 세울 수 있도록 했지. 단순히 하늘에서 내리는 비의 양을 재는 데에서 그친 것이 아니라, 통계를 작성하여 활용했다는 점에서 과학적이고 체계적이었다고 평가를 받는 거야. 이런 노력 덕분에 세종이 다스리던 때에 곡식 생산량이 많이 늘었다고 해.

이게 다 내가 만들도록 한 거라고!

앙부일구
가마솥이 하늘을 향해 열린 모습을 하고 있어 이런 이름이 붙었다. 해가 떴을 때 바늘에 비친 그림자를 보고 절기와 시각을 알 수 있는 해시계이다.

자격루
스스로 종이나 북을 쳐서 자동으로 시각을 알려 주는 물시계이다. 궁궐에서 공식적인 시계로 사용되었다.

영토의 확장과 대외 관계

세종이 즉위한 이후에 북쪽의 압록강과 두만강 주변에 살고 있던 여진족들이 국경 지방의 마을을 공격하는 일이 자주 일어났어. 조선은 건국 후부터 태종이 다스리던 시기까지 북쪽으로 영토를 확장해 나가면서, 그 지역에 살고 있던 여진족들을 몰아내거나 함께 살도록 하는 정책을 폈어. 그런데 여진족들이 이에 불만을 품은 거야. 그러자 세종은 압록강 쪽에 최윤덕을 보내 여진족들을 강의 북쪽으로 몰아내고 4군(자성, 우예, 여연, 무창)을 세웠어. 군이란 큰 고을을 가리키는 말이야. 또 두만강 방면으로는 김종서를 파견하여 여진족을 토벌하고 6진(경흥, 경원, 온성, 종성, 회령, 부령)을 세웠지. 진이란 군사적 요새를 뜻해. 그리고 이렇게 차지한 지역에 충청도와 경상도, 전라도 등 남쪽 지방의 주민들을 이주시켜 살게 했어. 조선의 백성들이 살아가는 완전한 조선의 영토로 만들기 위해서 말이야.

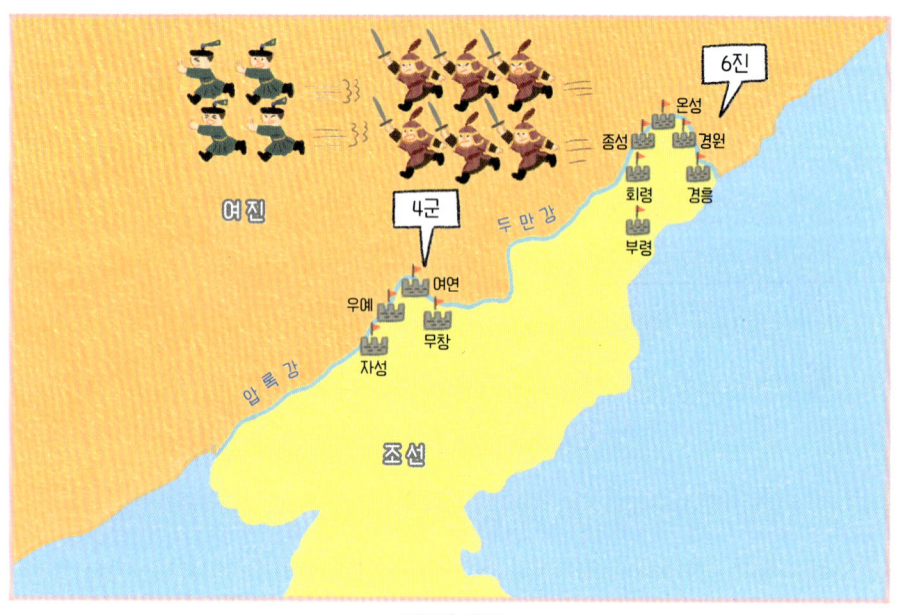

4군과 6진

세종은 또 서남쪽 해안에 출몰하여 약탈을 일삼던 왜구를 대대적으로 토벌했어. 쳐들어온 왜구들을 토벌했을 뿐 아니라, 이종무를 대장으로 삼아 군대를 보내 직접 쓰시마섬을 정벌하게 했지. 쓰시마섬에 상륙한 조선 원정군은 왜구들과의 전투에서 피해를 입기도 했어. 하지만 결국 쓰시마섬 영주에게 왜구들이 다시는 조선을 약탈하지 않도록 하겠다는 약속을 받아 냈어.

세종은 조선을 침범하는 여진족이나 왜구는 무력으로 정벌했지만, 동시에 그들이 필요한 물자를 얻을 수 있도록 시장을 열고 교역을 허락했어. 여진족들은 가죽이나 말 등을 가지고 와서 농기구 등을 얻어 갔고, 왜구들은 구리나 유황 등을 바치고 쌀을 얻어 갔어. 조선에서 살기를 원하는 이들은 받아들여 관직을 주거나 결혼 상대를 찾아 주기도 했어. 여진족이나 왜구들에게 적당한 온정을 베풀어 좋은 관계를 유지하기 위해서였지. 그런데 조선이 이처럼 여진족이나 왜구를 정벌할 수 있었던 힘은 무엇이었을까? 그건 바로 화약 무기의 힘이었어. 세종은 고려 말부터 발전하기 시작한 화약 무기를 개량하고 발전시키는 데 힘을 기울였어. 천자총통을 비롯한 각종 대형 화포를 만들었고, 불화살이나 작은 탄환을 쏠 수 있는 화차를 개발하여 활용했지. 그 당시 여진족이나 왜구들은 화약 무기를 이용할 줄 몰랐기 때문

조선 시대에 사용된 화포 중에서 가장 규모가 큰 천자총통이야.

불화살이나 작은 탄환을 한꺼번에 여러 개 쏠 수 있는 화차의 모습이야. 바퀴 달린 수레에 실려 있어서 이동하기에 편리했어.

에, 조선은 앞선 기술을 바탕으로 이들을 제압할 수 있었던 거야.

백성을 위한 어진 정치

이처럼 여러 가지 업적을 남긴 세종이 가장 중요하게 생각한 것은 백성을 사랑하고 백성들에게 어진 정치를 베푸는 거였어. 그래서 세금 거두는 제도를 개혁할 때에도 각계각층의 사람들을 한양에 모아 직접 발언할 수 있도록 하고, 그런 여론을 정책에 반영했어. 또 감옥에 있는 죄인이라도 겨울에 얼어 죽거나 여름철 더위에 고생하지 않도록, 옷을 주거나 얼음을 주도록 했어. 노비라 해도 주인이 함부로 형벌을 가하지 못하게 했고, 여종이 아이를 낳으면 몇 달 동안 일을 하지 않고 쉴 수 있도록 법으로 정하기도 했지.

뛰어난 재능을 가진 사람은 신분이 낮더라도 뽑아서 자기 재주를 발휘할 수 있도록 했어. 자격루와 간의 등을 만든 장영실이 대표적인 인물이야. 장영실은 비록 노비였지만 세종은 그의 뛰어난 재주를 알아봤어. 그래서 신하

들의 반대에도 불구하고 그에게 관직을 내리고, 사신들을 따라 명에 직접 가서 발달된 과학 기술을 배워 올 수 있도록 했지. 세종 때에 과학 기술이 발달할 수 있었던 것은 이처럼 신분에 관계없이 인재를 뽑아서 쓴 왕의 노력 덕분이야.

이 밖에도 세종은 궁중 음악의 악보와 각종 악기를 규격에 맞도록 새로 만들었어. 이를 통해 오늘날까지 전해지는 아악 체계를 확립했지. 세종이 음악에 관심을 가졌던 이유는 단순히 예술에 대한 호기심이나 감상을 위해

세종 때 사용된 여러 가지 악기들

편경
돌로 만들어졌기 때문에 습기나 온도의 영향을 받지 않아 음색과 음정이 일정하다.

편종
쇠로 만든 16개의 종을 쇠뿔로 된 망치로 쳐서 소리를 낸다. 종의 두께에 따라 내는 소리가 다르다.

축
음악의 시작을 알리는 악기이다. 네모난 나무통 위에 구멍을 뚫고 방망이로 바닥을 쳐서 소리를 낸다.

박
여러 개의 나뭇조각으로 만든 악기이다. 나뭇조각을 부챗살처럼 폈다가 접으면서 소리를 낸다. 주로 음악의 시작과 끝, 음악 진행의 변화를 알리는 신호로 쓰인다.

어
음악의 마침을 알리는 악기이다. 채로 호랑이 머리를 세 번 친 뒤에 등줄기에 있는 톱니 모양을 세 번 긁어서 음악의 마침을 알린다.

진고
음악을 연주할 때 사용하는 큰북을 말한다. 나무 방망이로 음악이 시작할 때와 끝날 때 세 번씩 친다.

서가 아니야. 올바른 소리, 화음에 맞는 음악을 널리 보급하여, 백성들의 마음을 안정시키고 올바로 다스리기 위해서였어. 유교 국가인 조선에서 음악과 악기는 백성들의 마음을 평온하게 다스리고 건전한 풍속을 세우는 데 꼭 필요한 것이었단다.

쟁점 토론

최만리는 왜 훈민정음 창제에 반대했나요?

 세종이 훈민정음을 만들 때 당시 집현전 부제학이었던 최만리는 한글 창제에 반대했어. 그는 한문으로도 충분히 의사소통을 할 수 있고, 백성들이 억울한 일을 당하는 것은 글자를 몰라서가 아니라 관리들이 잘못한 것이라며 반대했어.

뿐만 아니라 우리가 훈민정음을 사용하게 되면 중국의 문물을 받아들이는 데 방해가 됩니다. 중국이나 조선 모두 한자만 사용하면 중국의 발전된 문물을 받아들이기가 쉬울 것입니다. 하지만 새로운 글자를 만들어 조선에서 사용하면 한문을 모르는 사람들이 늘어나고, 그러면 중국의 문물을 받아들이기 어려워질 것입니다.

그건 하나만 알고 둘은 모르는 것이니라. 한문으로 쓰인 책들을 한글로 번역해서 널리 보급하면, 백성들 누구나 쉽게 내용을 알고 이해할 수 있게 될 것이다. 쉬운 우리말이 있다는 것은 오히려 문화의 성장에 도움이 될 것이니라.

요즘 외국 사람들과의 소통이나 문화 교류를 위해 외국어를 배우는 것처럼, 최만리도 그렇게 생각했어. 하지만 세종은 생각이 달랐지. 어떻게 생각해? 백성들을 생각하는 세종과 국제화에 뒤처질 것을 걱정한 최만리, 누구 주장이 더 옳은 것 같아?

최만리의 주장도 일리가 있기는 하지만, 아무래도 세종의 주장이 좀 더 맞는 것 같은데…!

생각 넓히기

 **생각해 보기**

1. 세종 대왕이 한글을 만들기 전에 우리나라 사람들은 중국과 다른 말을 사용했지만, 고유의 문자가 없어서 한자를 빌어 기록했어. 그래서 여러 가지로 불편함이 많았지. 이에 세종은 오랜 연구 끝에 한글을 만들어 사용하게 했어. 한글이 만들어지기 전에는 어떤 불편함이 있었고, 한글이 생기면서 어떤 점이 좋아졌을지 생각해 보자.

_____

_____

_____

 **활동해 보기**

2. 다음은 세종 때 만들어진 여러 가지 과학 기구들이야. 다음 중 하나를 골라 우리 문화유산을 널리 알리기 위한 광고를 만들어 보자.

내가 만든 광고

혼천의

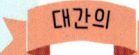
대간의

앙부일구

자격루

# 3장 사림의 등장과 사화

여기는 1519년 전라도의 능주라는 곳이야. 어떤 사람이 약 그릇 앞에 무릎을 꿇고 있어. 아마도 사약을 받은 것 같아. 사약이란 큰 죄를 지은 죄인에게 죽으라고 임금이 내리는 독약을 말하는 거야. 저 사람은 누구이고, 왜 사약을 받게 된 걸까?

1392	1434	1443	**1519**
조선이 세워지다.	《삼강행실도》를 만들어 보급하다.	훈민정음을 만들다.	기묘사화가 일어나다.

훈구 세력에 맞선 사림의 등장

　세종의 뒤를 이은 문종은 건강이 좋지 못했어. 왕이 된 지 3년 만에 세상을 떠나고 말았지. 그의 아들 단종이 왕이 되었는데 겨우 12살이었어. 왕의 나이가 어려서 주위의 도움이 필요했고, 그러다 보니 신하들의 역할이 커지게 되었어. 그래서 세종의 신임을 받았던 영의정 황보인과 좌의정 김종서 등이 나라의 중요한 업무를 대부분 처리하게 되었어. 이에 따라 국왕인 단종은 유명무실한 존재가 되고 말았어. 왕실 사람들은 이에 불만을 품게 되었어. 그 가운데에서도 단종의 삼촌이며 세종의 둘째 아들인 수양 대군의 불만이 가장 컸지. 결국 수양 대군은 자기를 따르는 한명회 등과 함께 군사들을 동원하여 김종서 등을 죽인 뒤, 스스로 영의정이 되었고 이조 판서와 병조 판서를 겸했어. 나라의 모든 권력을 다 가진 거야. 이 사건을 '계유정

난'이라고 해. 계유는 이 사건이 일어난 해인 1453년을 가리키는 것이고, 정난이란 '어지러운 세상을 바로잡는다.'는 뜻이야. 황보인과 김종서 등 강한 권력을 가진 신하들이 어린 왕을 대신하여 마음대로 국정을 이끌어 나라가 어지러웠는데, 수양 대군 자신이 이를 바로잡았다는 뜻에서 이렇게 이름을 붙인 거야.

수양 대군은 단종을 대신해서 권력을 휘두르다가 곧 단종을 쫓아내고 스스로 왕이 되었어. 그가 바로 세조야. 삼촌이 조카의 왕위를 빼앗은 거지. 그러자 성삼문과 박팽년 같은 몇몇 신하들이 단종을 다시 임금으로 모시려는 일을 꾸몄지만 발각되고 말았어. 이들은 모두 혹독한 고문을 당한 끝에 비참하게 죽었어. 그렇지만 옳지 않은 일에 저항하고, 자신들이 섬기던 임금에게 충성을 다한 신하들이라 해서 지금까지도 기억되고 있단다.

세조는 왕이 된 후 자기가 왕이 되는 데 큰 도움을 주었던 신하들을 공신으로 삼았어. 공신이란 원래 나라를 위해 큰 공을 세운 신하를 가리키는 말

서울 노량진에 있는 사육신의 묘야. 사육신은 단종을 다시 왕으로 모시려다가 세조에게 죽임을 당한 여섯 신하, 성삼문, 박팽년, 하위지, 이개, 유성원, 유응부를 가리키는 말이야.

이야. 새 나라를 세울 때나 외적의 침입을 받았을 때, 큰 공을 세운 신하를 일컫는 말이었지. 그런데 세조는 단종을 내쫓고 자기가 왕이 되도록 도와준 신하들을, 나라에 공을 세웠다 하여 공신으로 삼은 거야. 공신은 일반 관리에 비해 많은 토지와 재산을 받았고 대대로 물려줄 수도 있었어. 또 공신의 후손은 관직에 오르기도 쉬웠어. 이렇게 공신이 된 신하들과 그 후손들을 '훈구 세력'이라 불러. 훈구 세력은 권력을 오래 누리기 위해 왕실과 혼인 관계를 맺기도 했어. 왕이 중심인 나라에서는 왕실이 가장 중요한 집안이니, 왕실과 혼인 관계를 맺으면 가장 큰 권력을 누릴 수 있을 테니까 말이야. 특히 세조가 왕이 되는 데 가장 공이 컸던 한명회는 자기 딸을 세조의 아들과 결혼시켰어. 예종 임금의 장인이 된 거야. 그리고 예종이 자식 없이 일찍 죽자 이번에는 세조의 손자인 성종에게 다른 딸을 시집보냈지. 이처럼 왕의 장인이라는 지위를 계속 유지하면서 권력을 누리려고 했던 거야.

성종은 훈구 세력이 막강한 권력을 가지고 나랏일을 마음대로 하자, 이래

서는 국왕의 권위를 세우기 어렵다고 생각했어. 그래서 자기편이 될 수 있는 새로운 사람들을 관료로 기용하여 훈구 세력을 견제하려 했지. 그렇게 해서 '사림(士林)'이라 불리는 사람들이 등장하게 된 거야. 사림은 '숲처럼 많은 선비들'이란 뜻인데, 벼슬길에 오르지 않은 지방의 선비들을 가리키는 말이야. 이들은 대개 조선 건국 과정에 참여하지 않고 지방에서 학문 연구와 교육에 힘쓰던 사람들의 후손이었어. 사림의 조상들은 고려를 무너뜨리고 조선을 세운 것이 성리학의 가르침에 어긋난다는 이유로, 조선을 세우는 데 참여하지 않았어. 하지만 나라의 기틀이 마련되면서 사림들은 자연스럽게 조선이라는 나라를 받아들이게 되었지. 그러다가 성종에 의해 중앙 정치 무대에 등장하게 된 거야. 성리학의 원칙에 철저했던 이들 사림은 권력을 독차지하고 있던 훈구 세력을 비판하는 세력으로 성장했어.

사림의 비판과 훈구 세력의 대응

사림은 유교의 명분론을 중요하게 생각했어. 명분론이란 사람은 각자 자기 신분과 역할에 맡는 행동 규범을 지켜야 한다는 주장이야. 임금은 임금답게 언제나 백성들을 생각하는 좋은 왕이 되도록 노력해야 하고, 신하는 신하답게 왕의 뜻을 받들어 나라를 잘 다스리도록 힘써야 한다는 거지. 부모는 부모답게 자녀들을 돌보며 사랑하고, 자녀는 자녀답게 부모의 뜻을 거스르지 않고 열심히 일하고 공부하며 부모를 봉양해야 한다는 거야. 사회적으로도 양반은 양반답게 품위를 지키고 모범이 되어야 하며, 평민은 순종하며 각자의 생업에 충실해야 한다는 의미야.

이런 생각을 갖고 있는 사람들이 볼 때, 당시 훈구 세력은 신하이면서 권력을 마음대로 휘두르니 신하답지 못한 것으로 보였어. 또한 지배층이면서 평민들의 삶의 터전까지 빼앗으니 지배층으로서의 자격도 없는 것으로 보였지. 훈구 세력은 권력과 경제력을 독차지하고, 힘을 이용해서 주민들의 땅을 빼앗거나 강제로 자기들의 땅을 개간하게 했거든. 또 억지로 세금을 떠맡기거나 평민을 강제로 노비로 만드는 등 횡포를 부려, 지방 농민들의 삶을 힘들게 하기도 했어. 사림들은 작은 땅을 가진 지주로서 지방에 살고 있었는데, 주변 농민들의 처지가 어려워지면서 자신들도 살기 어려워졌어. 이 때문에 더욱 적극적으로 훈구 세력을 비판한 거란다.

　이처럼 사림이 명분을 내세우면서 훈구 세력을 비판하자, 훈구 세력도 이에 맞서면서 여러 차례 큰 싸움이 벌어졌어. 훈구 세력은 사림이 역모를 꾸미거나 임금을 모욕했다고 죄를 뒤집어씌워 죽이거나 귀양을 보냈지. 그런 사건을 '사화(士禍)'라고 해. 선비들이 큰 화를 입었다는 뜻이야.

첫 번째 사화는 연산군 때에 일어났어. 사림을 등용했던 성종이 죽고 연산군이 즉위하자 훈구 세력의 공격이 시작되었지. 이들은 먼저 대표적인 사림이었던 김종직이 지은 글을 문제 삼았어. 이 글이 세조가 단종을 몰아내고 왕위를 빼앗은 일을 비난한 것이라고 모함하여, 그 제자인 김일손 등 사림들을 공격했어. 이로 인해 많은 사림들이 죽거나 귀양을 갔는데, 이것을 '무오사화'라고 해.

그로부터 몇 년이 지나 두 번째 사화가 일어났어. 연산군은 성격이 포악하고 나쁜 짓을 많이 했어. 사치스러운 연회를 자주 열어 나라 돈을 낭비했고, 이를 채우기 위해 백성들에게 많은 세금을 억지로 거두었지. 또 사냥을 좋아해서 농민들의 땅을 빼앗아 사냥터로 만들고, 예쁜 여자가 있으면 가리지 않고 궁궐에 데려다가 자기 시중을 들게 했어. 심지어는 그런 일이 옳지 않다고 말리는 신하를 죽이기도 했어. 그러다가 자기가 어릴 때 죽은 어머니가 사실은 질투가 심하다는 이유로 사약을 받고 죽었다는 것을 뒤늦게 알게 되었어. 연산군은 그 사건을 조사해서 관련된 신하들을 모두 죽였어. 이

정선이 그린 〈압구정도〉라는 그림이야. 압구정은 한명회의 호인데 정자를 짓고 자신의 호를 이름으로 붙인 거야. 지금의 압구정동이라는 지명도 여기서 유래했단다.

미 죽은 경우에는 관을 파내서 시신의 목을 베기도 했지. 이것을 '부관참시'라고 하는데, 이미 죽은 사람을 다시 죽인다는 뜻으로 죽은 사람과 후손에게 모욕을 주기 위해 하는 거야. 사림들은 이 사건으로 다시 큰 피해를 입었고, 훈구 세력 중 일부도 피해를 입었어. 세조 때의 공신이었던 한명회가 부관참시를 당하는 등 훈구 세력들도 연산군의 폭정을 피할 수 없었어. 이 사건이 '갑자사화'야.

중종반정과 조광조의 개혁 정치

연산군이 폭정을 거듭하자 더 이상 견딜 수 없게 된 신하들은 힘을 모아 그를 몰아내고 중종을 왕으로 모셨어. 이를 '중종반정'이라 하는데, 반정이란 '잘못된 일을 바로 잡는다.'는 뜻이야. 연산군은 왕에서 쫓겨났기 때문에 왕이라고 불리지 못하고 세자 때의 호칭 그대로 연산군으로 불리는 거란다.

새로 임금이 된 중종은 백성들의 삶에 도움이 될 수 있는 정치를 펴고 새

서울시 방학동에 있는 연산군의 묘야. 연산군은 왕의 자리에서 쫓겨났기 때문에, 왕으로 불리지 못하고 군으로 불리는 거야.

경연 아침에 일어나자마자 하는 경연은 조강, 낮에 여는 것은 주강, 저녁에 하는 것은 석강, 밤에 숙직하는 신하들과 여는 경연은 야대라 했다. 조광조는 이렇게 하루에 네 번 경연을 해야 한다고 주장했다.

로운 기풍을 세우기 위해 사림들을 많이 등용했어. 조광조는 이때 나타난 사림 가운데 가장 대표적인 인물이야. 조광조는 사림들의 지지를 등에 업고 성리학의 이념에 충실한 정치를 하려고 노력했어. 그가 생각했던 이상적인 정치는 유교의 명분론과 크게 다르지 않았어. 임금은 훌륭한 왕이 되기 위해 노력해야 하고 신하는 신하의 본분을 지키기 위해 노력해야 하며, 일반 백성들도 모두 유교의 명분과 가르침에 따라 교화되어야 한다는 거야. 조광조는 임금도 언제나 나랏일과 백성들의 삶을 생각하고 삼가며 자신을 수양해야 한다고 생각했어. 그래서 그는 임금의 수양을 위해 경연을 중요하게 여겼지. 경연은 신하들과 왕이 함께 모여 유교 경전을 읽고 글의 뜻을 공부하면서, 자연스럽게 나랏일에 대해서도 논의하는 자리야. 조광조는 중종에게 매일 네 차례씩 경연을 열어야 한다고 했어. 임금이 나라의 중심이므로 가장 열심히 공부하고 노력하면서, 그 본분을 다하고 모범을 보여야 한다고 생각했던 거야.

또 조광조는 지방에 향약을 적극적으로 보급했어. 향약은 마을 사람들끼리 서로 지켜야 할 일종의 자치적 규범인데, 중국 송나라의 성리학자 주희가 제안한 것을 조선의 실정에 맞춰 새롭게 바꾸었어. 마을 사람들끼리 좋은 일은 서로 권하고 잘못된 점은 고쳐 주며, 좋은 풍속으로 친하게 지내면서 어려운 일이 있으면 도와주자는 거야. 전통적으로 서로 돕는 공동체 정신이 있었기 때문에 향약은 마을에서 쉽게 받아들여졌지. 특히 훈구 세력의 수탈로 어려워진 지방 사회를 다시 세우는 데 향약은 큰 도움이 되었고, 이를 주도한 사림들은 백성들의 지지를 받았어.

조광조를 비롯한 사림은 훈구 세력의 잘못을 비판하는 데에도 적극적이었어. 연산군을 몰아내고 중종을 세우는 데 공을 세웠다는 이유로 많은 신하들이 공신이 되었어. 그중에는 공신 자격이 없는 훈구 세력도 많았지. 조광조는 잘잘못을 철저히 가려 그들의 공신 자격을 빼앗아 버렸어. 연산군 때까지 권력을 휘두르며 나쁜 짓을 저질렀던 권력자들이, 중종반정의 공신이라는

여기가 내가 유배되어 살던 집이야. 훈구 세력은 내가 개혁 정책을 펼치자, 계략을 꾸며 나를 모함했어.

조광조

명목으로 여전히 권력을 가지고 높은 자리에 있는 것을 비판하고 바로잡으려 했던 거야.

이러한 조치에 훈구 세력은 크게 반발했어. 공신이기 때문에 갖게 된 지위와 재산을 모두 잃게 되었으니까 말이야. 이들은 계략을 꾸며 중종에게 조광조가 역모를 꾸미고 있다고 거짓말을 했어. 그런데 이때 중종도 조광조가 계속 개혁을 요구하고, 왕도 열심히 공부하고 노력해야 한다고 다그치는 것에 불만을 가지고 있었어. 마침 역모를 꾸민다는 보고를 받자 중종도 마음이 돌아섰지. 그 결과 훈구 세력의 계획대로 조광조와 그를 따르는 사림 세력 상당수가 죽임을 당하고 말았어. 이걸 '기묘사화'라고 해. 앞(38~39쪽)에서 보았던 것이 조광조가 능주(지금의 전라도 화순 지방)로 유배를 갔다가 중종이 내린 사약을 받는 모습이야. 원칙에 따라 개혁 정치를 펼치려 했지만, 결국 모함을 받아 죽음을 맞이하였으니 참으로 안타까운 일이야.

중종이 죽고 인종을 거쳐 명종이 즉위한 뒤에 또 사화가 일어났어. 명종의 어머니인 문정 왕후와 그 동생인 윤원형이 권력을 잡고 자신들에 반대하는 사람들을 모두 제거한 거야. 이때에도 많은 사림들이 또 희생되었어. 이것이 '을사사화'란다.

다시 일어선 사림

이렇게 여러 차례 사화를 겪으면서 사림의 힘은 크게 약화되었어. 그러나 사림이 완전히 사라진 건 아니었어. 사림들은 백성들과 함께 살면서 지방 사회에서 지배력을 강화했어. 이를 바탕으로 백성들의 생활을 안정시켜야 한다고 주장하며 세력을 키웠지. 훈구 세력이 정치, 경제 분야를 독차지하고 많은 피해를 주고 있었기 때문에, 이에 대한 불만이 커지고 있었거든.

 사림들은 지역별로 서원을 세웠어. 서원은 유교 성현들의 제사를 지내고 선비들에게 유교 경전을 교육시키는 기구야. 사림들은 서원을 중심으로 다시 힘을 모으고, 제자를 길러 내며 백성들의 지지를 얻었지. 나라에서도 중요한 서원에는 왕이 현판을 써서 내려 주고 운영에 필요한 토지나 노비를 주었어. 이 때문에 훈구 세력도 사림들이 서원을 중심으로 힘을 기르는 것을 막을 수 없었어. 또 사림들이 널리 퍼뜨린 향약도 세력을 키우는 데 도움이 되었어. 훈구 세력의 비리와 수탈이 심했기 때문에, 좋은 풍습을 유지하고 서로 돕기를 강조하는 향약에 대한 호응이 높았지. 그래서 지방 농민들의 지지를 받을 수 있었던 거야.

 시간이 지나 명종이 죽은 후 선조가 임금이 되었어. 선조는 성리학의 이념에 따라 나라를 다스리려고 했기 때문에 사림들을 다시 등용했어. 이렇게

1542년 주세붕이 세운 우리나라 최초의 서원이야. 본래 이름은 백운동 서원이었는데, 쿵쿵이 '소수 서원'이라는 새 이름을 지어 직접 현판을 써서 내려 주면서부터 소수 서원으로 불리게 되었어.

해서 중앙으로 진출한 사림들은 결국 조선의 정치를 완전히 장악하게 되었지. 이황이나 이이, 서경덕 등 훌륭한 유학자들이 이때 나타나 성리학이 크게 발달하였고, 새로운 정책을 제시하는 등 나라의 분위기를 다시 새롭게 만들었어.

인물 탐구

사육신은 어떤 사람들이었나요?

세조가 단종을 몰아내고 왕위에 오르자, 이를 못마땅하게 생각하고 다시 단종을 왕으로 모시려는 사람들이 있었어. 집현전에서 일하던 성삼문과 박팽년이라는 젊은 신하들이었지.

이들은 이개, 유응부 등과 함께 세조를 제거하고 단종을 복위시킬 계획을 세웠어. 그러나 한명회 등 세조를 따르는 무리들이 낌새를 채자, 같이 일을 꾸미던 사람들 중의 하나가 세조에게 이 일을 일러바쳤어.

동료의 배신으로 계획이 발각되어 잡혀 온 사람들은 모진 고문을 받았지만 절개를 잃지 않았어.

죽음을 당한 사람들 가운데, 처음부터 계획을 세우고 적극적으로 가담했던 대표적인 인물이 박팽년, 성삼문, 이개, 하위지, 유성원, 유응부 등 여섯 사람이야. 죽음을 무릅쓰고 절개를 지켰다고 해서 이들을 '사육신'이라고 부른단다.

> 이 몸이 죽어가서 무엇이 될꼬 하니
> 봉래산 제일봉에 낙락장송 되었다가
> 백설이 만건곤할 제 독야청청하리라
> - 성삼문

죽어도 결코 뜻을 굽히지 않겠다는 의미네요! 정말 대단한 기개를 가진 사람이군요!

생각 넓히기

 생각해 보기

성종은 훈구 세력에 맞서기 위해 사림을 등용했어. 성리학을 중시하는 지방 선비들인 사림은 중앙으로 진출하면서 훈구 세력을 매섭게 비판하기 시작했지. 사림이 훈구 세력의 어떤 점을 비판했는지 생각해 보자.

 활동해 보기

세조 때의 공신이었던 한명회는 자신의 딸을 예종과 결혼시켜 왕의 장인이 되었어. 그런데 예종이 일찍 죽자 이번에는 다른 딸을 다음 왕인 성종과 결혼시켰지. 한명회가 이처럼 한 이유는 무엇이었는지 써 보자. 또 그렇게 했을 때 생기는 문제점은 무엇인지도 써 보자.

 이유

문제점

4장 유교의 나라 조선

여기는 조선 시대의 어느 집이야. 사람들이 음식을 차려 놓고 모두 절을 하고 있어. 아마도 조상님께 제사를 지내는 것 같아. 그런데 저런 제사 예절은 언제부터 생긴 걸까?

유교와 성리학

　조선에서는 유교를 기본으로 나라를 다스리고 사회를 운영하고자 했어. 유교 사상이나 제도는 삼국 시대에 처음 우리나라에 들어왔지. 하지만 유교에 대한 깊이 있는 연구가 시작된 것은 고려 후기부터였어. 조선을 세우는 데 큰 역할을 했던 신진 사대부들이 유교 중에서도 성리학의 원리에 따라 나라를 다스리고자 했던 것을 기억하니? 이제부터 성리학에 대해 좀 더 자세히 알아볼까?

　잘 알다시피 유교는 공자에서 시작되었는데, 중국에서 유교가 처음 성립되었을 때에는 충과 효를 강조하는 도덕 사상이었어. 또한 나라를 어떻게 다스려야 하는지, 관리는 어떻게 뽑아야 하는지 등을 규정하는 정치사상이었지. 그러다가 점차 인간과 자연의 근원이 무엇인가에 대한 관심이 깊어지면서 성리학이 발달했어. 성리학은 우주 만물은 무엇으로 이루어져 있으며 어떤 원리에 따라 움직이고 있는지, 또 사람의 마음은 어떤 것이며 어떻게 작용하는지 등을 연구하는 학문이야. 송나라의 학자인 주자가 유교를 새롭게 해석해서 만들었어. 그러니까 성리학은 유교의 한 갈래라고 할 수 있어. 이렇게 새로이 생겨나 우리나라로 들어온 성리학에서는, 특히 사람이 당연히 해야 할 윤리와 명분을 중요하게 생각했어. 이 때문에 개혁을 꿈꾸었던 신진 사대부들이 보기에 성리학은 아주 이상적인 사상이었지. 그래서 그들은 새 나라 조선을 성리학의 원리에 따라 다스리려고 했던 거야.

　신진 사대부들은 고려 말부터 불교의 폐단을 공격하면서 성리학의 세력을 키웠어. 승려들이 깨달음을 얻기 위해 속세를 떠나 수양하는 것을 두고, 부모와 자식 사이의 인연도 끊고 임금도 몰라보는 것이라 비난했지. 또 사람들이 모두 승려가 되면 결국 나라가 유지될 수 없다고 주장했어. 모두 승려가 되면 세금을 내거나 군대에 갈 사람이 없어지고, 대를 이을 자식도 없어지니까 그렇게 된다고 말이야. 우리 역사에서 삼국 시대나 고려 시대에도 불교를 널리 믿었지만 사람들이 모두 승려가 되지는 않았어. 그러니까 이런 주장은 너무 지나친 비판이라고 할 수 있을 거야. 그렇지만 고려 말에는 불교 사원에서 높은 이자를 받고 돈을 빌려주거나, 행사가 있을 때마다 지나치게 사치를 부리는 등 여러 가지 폐단이 많았어. 이 때문에 신진 사대부들의 불교 비판이 사람들의 공감을 얻을 수 있었던 거야. 조선이 세워진 뒤 신진 사대부들이 윤리와 명분을 강조하는 성리학의 이념으로 사회를 개혁하고, 임금에 대한 충성, 부모에 대한 효도, 부부 사이의 신의를 강조하면서 성리학은 더욱 퍼져 나갔어.

　성리학에서는 왕도 정치와 민본주의를 강조했어. 왕도 정치는 무력이나

조선 시대의 유명한 성리학자인 퇴계 이황의 초상화와 이황을 모신 도산 서원의 모습이야.

 엄격한 법으로 백성을 다스리는 것이 아니라, 덕으로 다스리는 것을 말하는 거야. 먼저 임금이 자기 수양에 힘써 모범이 되고, 또 바른 생각을 갖고 바르게 행동하는 신하들이 왕을 도와 백성들에게 덕을 베풀어야 한다고 했어. 그러면 백성들은 자연스럽게 이를 따라 각자의 본분에 힘쓰게 되고, 나라가 평화롭게 다스려진다는 거지. 이를 위해서 위로는 임금으로부터 아래로는 일반 평민들까지, 각자 본분에 맞게 끊임없이 노력해야 한다고 했어.

 그럼 민본주의는 뭘까? 민본이란 '백성이 나라의 근본'이라는 뜻이야. '민심은 천심'이라는 말 들어 봤지? 백성이 나라의 근본이며 백성의 마음이 곧

율곡 이이의 초상화와 이이를 모신 자운 서원의 모습이야.

하늘의 뜻이라는 의미야. 민본주의를 가장 잘 나타낸 말이지. 그러니까 나라의 근본인 백성을 중요하게 여기고 백성의 생활을 안정시키면, 백성이 스스로 임금의 뜻에 따르게 된다는 거야. 예로부터 임금이 되는 것은 자신의 의지와 노력만으로 되는 것이 아니라 하늘의 명을 받아야 한다고 했어. 그런데 백성의 마음이 곧 하늘의 뜻이니 백성을 가장 먼저 생각해야 한다는 의미란다.

삼강오륜과 유교식 관혼상제

유교가 조선의 기본 이념이 되면서 유교의 구체적 실천 윤리인 삼강오륜이 중시되었어. 임금과 양반 관료층, 중인까지 포함된 지배층에서부터 농업을 비롯한 생산 활동에 종사하는 일반 평민들, 대부분 노비인 천민에 이르기까지 모든 사람들은 삼강오륜을 따라야 했지. 삼강은 사람이 지켜야 할 세 가지 도리를 가리키는 것으로 임금과 신하 사이의 도리, 아버지와 아들 사이의 도리, 부부 사이의 도리를 말하는 거야. 오륜은 이를 보다 구체적으로 나타낸 다섯 가지 덕목이야. 임금과 신하 사이에 의리를 지킬 것, 어버이는 자녀를 잘 돌보고 자녀는 부모님께 효도할 것, 남편과 아내는 각자 주어진 본분을 다할 것, 윗사람과 아랫사람 사이의 질서를 지킬 것, 친구들 사이에 신의를 지킬 것 등이었지.

이처럼 삼강오륜이 중시되었기 때문에 각자는 자기 본분에 충실해야 했어. 임금은 나라에서 가장 큰 권력을 가지고 있었지만, 어진 임금이 되기 위해 힘써야 임금의 자격을 갖춘 것으로 인정받을 수 있었어. 성리학에서는 먼저 자신의 욕심을 줄이고 집안을 제대로 다스릴 수 있어야만, 나라를 바

순조의 아들인 효명세자가 9살에 성균관에 입학하여 공부하는 모습을 그린 그림이야.

르게 통치하고 온 세상을 평화롭게 할 수 있다고 했어. 스스로의 수양을 강조한 거야. 이 때문에 임금은 왕위에 오르기 전 세자 때부터 유교 경전을 열심히 공부해야 했어. 또 왕이 된 후에도 자기 수양과 학문 연구, 유학자인 신하들과의 토론을 게을리 해서는 안 되었지. 임금과 신하들이 함께 유교 경전이나 역사서를 읽고 토론하면서 정치, 사회적으로 중요한 문제도 논의하는 자리를 경연이라 하는데, 매일 3, 4회씩 경연을 열어야 했단다.

관리들은 왕이 나라를 다스리는 것을 돕는다는 자부심과 사명감을 가지고 수양에 힘써야 했어. 과거에 급제하지 않은 선비들이나 관리가 아닌 양반들도 나라를 위해 일하려는 마음을 가지고 유교 경전 공부에 몰두했지. 일반 평민들도 자기 본분을 지켜야 했어. 왕과 양반층의 권위를 인정하고 그들을 섬겨야 했어. 또 농사나 상업, 광업, 수공업 등 각자의 일을 충실히

세종 때 우리나라와 중국의 충신과 효자, 열녀들의 행실을 모아 만든 책인 《삼강행실도》야. 글과 함께 그림으로 표현하여 누구나 알기 쉽게 했지. 사진은 병든 아버지에게 손가락을 잘라 먹여서 살렸다는 효자 이야기가 담긴 부분이야.

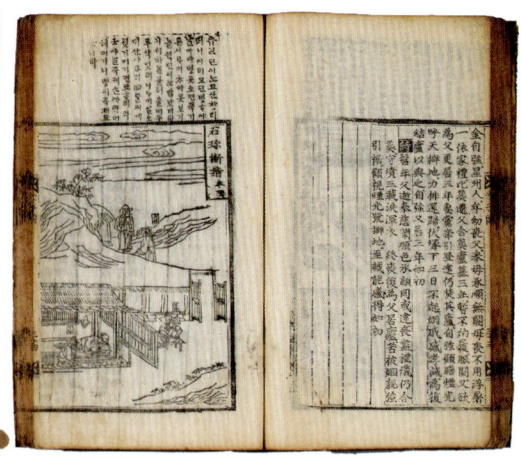

하고, 가정이나 사회생활에서도 예의와 질서를 지켜야 했어.

하지만 유교 이념이 처음부터 백성들에게 널리 퍼진 것은 아니었어. 성리학을 공부한 일부 지배층 이외의 일반 백성들은 쉽게 유교 이념을 받아들이지 못했어. 삼국 시대와 고려 시대에 걸쳐 오랫동안 불교를 믿어 왔기 때문에 백성들이 쉽게 받아들이기 어려웠던 거야. 이 때문에 나라에서는 임금에 대한 충성과 부모에 대한 효도의 사례를 담은 《삼강행실도》를 만들어 전국적으로 보급하는 등, 백성들이 유교 이념을 받아들이도록 하기 위해 힘썼지.

이처럼 유교 이념이 강조되면서 생활 풍습도 유교 예절을 따르게 됐어. 관혼상제라는 4가지 의식이 대표적이야. 관혼상제란 어른이 되는 예식인 관례, 결혼 예식인 혼례, 죽은 사람을 장사 지내는 장례 예식인 상례, 조상에 대한 제사 예식인 제례를 말하는 거야. 각 예식의 첫 글자를 따서 관혼상제라고 불러. 이런 유교 예절이 백성들의 생활 속에 자리 잡기까지는 많은 시간이 걸렸어. 특히 장례와 제사 예식은 그동안 해 왔던 불교식과 다른 부분이 많아서 쉽게 정착되지 않았지. 그래서 처음에는 일부 고위 관료층과 양반들만 유교식 예법을 따랐어. 앞(54~55쪽)에서 보았던 것이 양반 집안에서 제사를 지내는 모습이야. 절차도 복잡하고 준비할 것도 많았어. 하지만 나라에서 유교식 예법의 내용을 담은 《소학》과 《주자가례》를 만들어 전국에 보급하면서, 일반 백성들도 차차 이를 따르게 되었어. 이때 생긴 예법이 지금까지도 이어지고 있는 거란다.

유교식 예법을 설명해 놓은 《주자가례》야. 나 주자가 지었지.

유교 윤리의 영향

조선 시대에 유교, 특히 성리학이 나라의 기본 이념으로 자리 잡으면서 여러 가지 변화가 나타났어. 먼저 나라가 어지러워졌을 때 이를 바로잡는 힘이 생겼어. 임금이라도 백성들을 위한 일을 게을리하거나 윤리와 명분에 어긋나는 일을 했을 때에는, 신하들이 들고일어나 임금을 쫓아냈어. 이를 반정이라고 하는데, 연산군과 광해군이 반정으로 쫓겨난 왕이야. 또한 국가를 위한 희생이나 사회에 필요한 의무와 책임을 중시하였기 때문에, 나라에 대한 충성심이 강한 양반들은 자기 목숨을 걸고 임금에게 올바른 말을 했어. 전쟁이 일어나 국가가 위기에 빠졌을 때에는, 자발적으로 의병을 일으켜 자기 고장과 나라를 지키기 위해 싸우기도 했지.

그렇지만 유교, 그중에 성리학이 나라의 이념으로 자리 잡은 것이 모든 점에서 좋은 것만은 아니었어. 신분에 따른 차별을 정당화한 것이 가장 큰 문제였어. 같은 죄를 지어도 신분에 따라 형벌에 차이가 있었어. 양반이 평민이나 천민을 죽거나 다치게 하면, 평민이나 천민이 양반을 죽거나 다치게

한 경우보다 가볍게 처벌받았지. 특히 양반 중에는 지배층으로서의 의무와 책임은 소홀히하면서 권위만 내세우는 경우가 많았어. 자기는 의무를 다하지 않고 다른 신분의 의무만을 강조해서 신분 사이의 갈등이 일어나기도 했어. 또 지나치게 명분에 집착해서 정치 집단이나 집안 사이의 갈등이 커지기도 했단다.

생각 넓히기

1 생각해 보기

다음 사진은 조선 시대부터 내려오는 제사 지내는 모습이야. 요즘은 제사를 지내지 않는 집도 많고, 또 제사를 지낸다고 해도 이 모습과는 다른 게 많아. 요즘 들어 제사를 지내지 않는 이유는 무엇이고, 또 제사 지내는 모습이 달라진 이유는 무엇일지 생각해 보자.

2 활동해 보기

다음은 《삼강행실도》에 실린 효자 최루백에 대한 이야기야. 조선 시대에 나라에 대한 충성과 부모에 대한 효도의 사례를 담은 《삼강행실도》를 만들어 사람들에게 보급한 이유가 무엇이었는지 써 보자.

고려 시대에 최루백이라는 효자가 살았어요. 어느 날 그의 아버지는 사냥을 나갔다가 호랑이에게 잡혀 죽고 말았어요. 이 소식을 듣고 최루백은 도끼를 들고 호랑이를 잡으러 갔어요. 마침내 숲속에 누워 있는 호랑이를 발견했지요. 최루백은 호랑이를 죽여 원수를 갚았어요. 그런 뒤 아버지의 무덤을 만들어 장례를 지내고 3년 동안 무덤을 지켰어요.
그러던 어느 날 잠든 최루백에게 그의 효심에 감탄한 아버지의 혼령이 나타났어요.
"죽은 뒤에도 무덤 곁을 지켜 주니 효심이 지극하구나!"
이 말을 마친 뒤 아버지의 혼령은 스르르 사라져 버렸답니다.

5장 신분 제도와 생활 모습

여기는 조선 시대의 어느 마을 길거리야. 길을 가던 부부가 말을 탄 사람을 만나자, 머리가 땅에 닿을 정도로 머리를 깊이 숙여 인사를 하고 있어. 말을 탄 사람이 누구인데 저렇게 공손하게 인사를 하는 걸까? 무슨 큰 잘못이라도 저지른 걸까?

질문 있어요!

저기, 궁금한 게 있어요!

무엇이든 물어보세요!

에고, 힘들어! 웬 양반이 그렇게 많은지. 만날 때마다 절을 하려니 허리가 끊어지는 것 같네!

아이고!

힘드셨겠네요! 그런데 꼭 그렇게 머리 숙여 인사해야 하나요?

질문은 우리가 하는 건데…. 양반님들한테 잘못 보이면 살아가기 어려워요. 잘 보여야 한다고요. 그나저나 우리는 대대로 이렇게 살 수밖에 없는 건가요?

에헴!

아빠, 우리 언제 일어나요?

조선 시대의 신분 제도는 아주 엄격했고 대대로 세습되었지만, 신분 사이의 이동이 전혀 불가능한 것은 아니었어. 큰 죄를 짓거나 큰 공을 세우면, 신분이 떨어질 수도 있었고 올라갈 수도 있었단다.

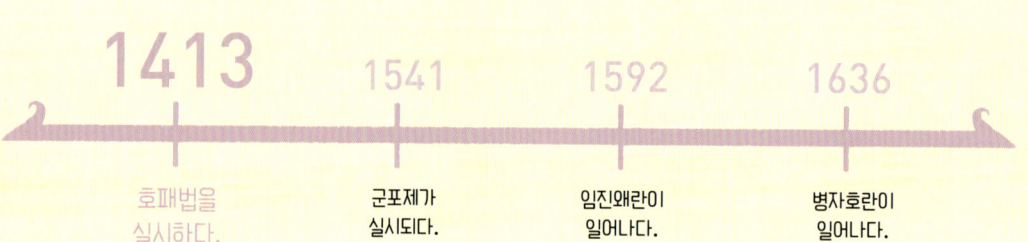

1413	1541	1592	1636
호패법을 실시하다.	군포제가 실시되다.	임진왜란이 일어나다.	병자호란이 일어나다.

신분 제도

조선 시대는 엄격한 신분제 사회였어. 신분은 부모의 신분에 따르는 것으로 태어나면서부터 정해져 있었지. 그러니까 능력에 상관없이 부모가 누구냐에 따라 신분이 정해지고, 정해진 신분은 특별한 경우가 아니고는 바뀌지 않았어. 조선 시대에 사람의 신분은 양반과 중인, 평민, 천민의 네 가지로 나뉘었는데, 각 신분에 따라 권리와 의무가 달랐어. 유교적 가르침에 따라 각자 자기의 본분에 맞게 행동해야 했지.

먼저 양반은 조선 사회의 지배층이었어. 이들은 평소에 유교 경전을 공부하고 학문 연구에 힘쓰며 국가의 정책을 논의하는 등 여론을 이끌어 가는 역할을 맡았어. 과거 시험을 통해 관리가 되어 국가의 중요한 일에 참여할 수 있는 특권 계층이었지.

중인은 양반층의 통치 업무를 돕는 역할을 했어. 행정에 관련된 서류 정리를 하는 사람이나 외국어 통역을 하는 역관, 의사인 의관, 법률적인 업무를 맡은 율관 등이 중인에 해당되었어. 처음에는 양반과 중인의 차이가 크지 않았다고 해. 하지만 학문적 소양을 갖추고 국가의 중요한 정책을 결정하는 양반들이, 전문적

양반
문반, 무반

중인
아전, 역관, 의관, 율관, 향리

평민
농민, 상인, 수공업자

천민
노비, 백정, 무당, 광대, 기생

조선 시대의 신분

인 행정 업무 맡는 것을 꺼리게 되면서 자연스럽게 차별이 생겨났어. 그래서 양반과 중인 사이에 서열이 정해지고 신분이 달라졌지.

평민은 대부분 농민이었어. 조선의 가장 중요한 산업이 농업이었으므로, 세금을 내고 군역을 지며 각종 공물을 바치는 농민이 가장 중요한 역할을 했어. 그래서 나라에서는 농민을 확실히 파악하기 위해 호적 제도를 정비하고 호패제를 실시했어. 또 봄에 종자를 빌려주는 등 농민들이 안정되게 생활할 수 있도록 했지. 그 밖에 상인이나 수공업자도 평민이었으나 농민에 비해서는 낮은 대우를 받았어.

천민은 대부분 노비였는데 주인의 소유물로 여겨졌어. 개인이나 국가 기관에 소속되어 주인이 시키는 일을 하면서 살았지. 노비 이외에 가축을 잡는 백정, 점을 치거나 굿을 해 주는 무당, 여러 가지 공연을 담당하는 광대 등이 천민에 속했어. 신분상 가장 낮은 계급에 속하는 천민들은 천대받았고 과거에 응시할 자격도 없었어. 하지만 결혼을 해서 가정을 꾸릴 수 있었고 재산을 모을 수도 있었어.

조선 시대 김홍도가 그린 〈벼타작〉이라는 그림이야. 열심히 일하는 농민들과 비스듬히 누워서 감독만 하는 사람의 모습이 대조적이야.

조선 시대의 신분 제도는 대단히 엄격했어. 그래서 앞(66~67쪽)에서 본 것처럼 양반을 만나면 평민들은 머리가 땅에 닿도록 머리 숙여 절을 해야 했던 거야. 아는 양반이건 모르는 양반이건 만나면 반드시 공손히 절해야 했지. 하지만 다른 신분으로 이동하는 것이 완전히 막혀 있었던 것은 아니야. 죄를 지은 양반이나 평민이 천민으로 떨어지는 경우도 있었고, 반대로 평민이 과거 시험에 합격하면 양반이 될 수도 있었어. 또 나라에 큰 공을 세우거나 특별한 허락을 받으면 천민이라도 평민이나 양반이 될 수 있었어. 하지만 그런 일은 아주 드물었단다.

신분에 따른 생활 모습

조선 시대 사람들은 태어나서 죽을 때까지 신분에 따라 생활 모습이 달랐어. 남자아이들은 대개 어려서부터 집안의 일을 도우면서 자랐고 커서는 자연스럽게 가업을 이었어. 양반의 자식들은 글공부를 했고, 평민의 자식들은 농업이나 상업, 수공업 등에 필요한 기능을 익혔어. 여자아이들은 신분과 관계없이 음식 준비나 길쌈 등을 배웠지. 그럼 이제 신분에 따라 생활 모습이 어떻게 달랐는지 알아볼까?

양반의 생활

사회 지배층인 양반들은 학문에 힘써 과거에 급제하고 관직에 나가는 것을 중요하게 여겼어. 그래서 어려서부터 서당에 다니거나 집안 어른께 글을 배웠고, 급제하여 관리가 되면 나라의 정치, 행정에 관한 일을 했어. 한 가지 관직에만 있는 것이 아니라 중앙 조정에서 일하기도 하고, 지방에 수령이나 감사로 나가서 백성들을 직접 다스리는 일을 하기도 했지.

관리가 되면 정해진 시간에 맞추어 관청에 출근했어. 몇시에 출근했을까? 요즘으로 치면 오전 5시에서 7시 사이에 출근했으니 이른 편이었어. 퇴근은 저녁 5시에서 7시경에 했어. 점심 식사는 어떻게 했을까? 점심 식사는

이 그림은 양반이 꿈꾸는 일생을 그린 〈평생도〉 중의 일부야. 태어나서 죽을 때까지 어떤 삶을 살고 싶었는지 잘 보여 주고 있어.

 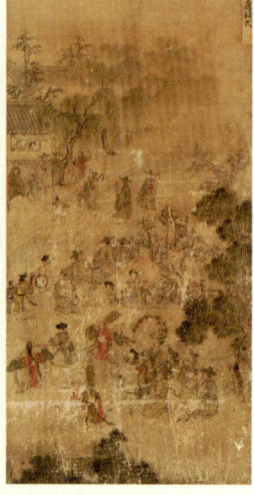  

혼례
결혼을 하고 신부의 집으로 신행을 가는 부부의 모습이야.

삼일유가
과거에 급제하여 3일 휴가를 얻어 금의환향하는 모습이야.

정승 행차
가장 높은 벼슬인 정승이 되어 행차하는 모습이야.

회혼례
결혼식을 하고 60년이 되어 치르는 기념식인 회혼례 모습이야. 부부가 오래 같이 살고 싶은 마음을 나타내고 있어.

관청에서 주지 않는 경우가 많았기 때문에 집에서 먹고 오거나 노비를 시켜 가져오도록 했어. 근무 후에는 대부분 집에 가서 쉬었고, 부서에 따라서는 돌아가면서 밤에 근무하는 경우도 있었지. 나라에 경사가 있거나 기념일, 또는 돌아가신 왕의 기일 등에는 출근하지 않았어. 요즘처럼 토요일이나 일요일에 쉬는 것이 아니었기 때문에, 그런 날만 쉴 수 있었어. 평균해서 대체로 열흘에 한 번 정도가 휴일이었던 셈이야.

그런데 여기에서 재미있는 이야기가 하나 있어. 관청에서 일하는 관리들은 점심시간이면 노비를 시켜 점심을 가져오도록 했다고 했지? 그런데 음식을 가져온 노비는 따로 식사를 준비하지 못하기 때문에, 주인이 먹고 남

은 음식을 먹는 경우가 많았어. 이를 상물림이라고 해. 맛있는 음식을 많이 남겨 주면 노비 입장에서는 좋겠지? 이 때문에 주인은 밥도 미리 덜어 놓고 반찬도 마구 헤집지 않았다고 해. 또 생선을 뒤집지 않는 등 자기가 남긴 음식을 먹어야 하는 노비를 위해 나름의 배려를 했다고 하니, 노비를 생각하는 마음은 있었나 봐.

관리가 되지 않은 양반들은 평소에 학업에 힘쓰면서 소작인이나 노비들의 일을 관리, 감독하고 때로는 직접 농사를 짓기도 했어. 또 주변 사람들과 어울리면서 학문과 정치에 대해 토론을 벌이거나 시를 짓는 모임을 가지면서 여가 생활을 즐겼지.

중인의 생활

중인은 행정에 관련된 서류를 정리하거나 세금과 토지 면적의 계산, 외교에 필요한 외국어 통역, 질병을 치료하는 의술 등의 일을 담당했어. 직업에 필요한 기능을 익히는 데 많은 시간이 걸리는 전문직이었기 때문에, 대를 이어 같은 직업에 종사하는 경우가 많았어.

이들은 대대로 같은 직업을 갖고 같은 관청에서 근무하며 지냈기 때문에 서로 잘 어울렸어. 그래서 자연스럽게 마을을 이루고 혼인도 비슷한 집안끼리 하게 됐지. 사회적으로 양반만큼 대우를 받지는 못했어도 전문 기술을 활용해서 재산을 모으는 사람들도 많았고, 양반 못지않은 학문적 능력을 갖춘 사람들도 있었어.

평민의 생활

평민의 대부분을 차지하는 농민의 생활 모습은 계절에 따라 달랐어. 봄에는 한 해의 농사를 준비하기 위해 거름을 주고 밭을 갈아 씨를 뿌렸으며 논에는 모내기를 했어. 봄 가뭄이 심할 때가 많았기 때문에 논에 미리 물을 대 놓기 위해 많은 노력을 기울였지. 여름에는 김매기와 거름주기가 큰일이었어. 날씨가 습하고 더워서 벼가 자라기에 좋았지만, 잡초도 잘 자라서 여름내내 잡초를 뽑고 벼가 잘 자라도록 거름을 대야 했어. 가을에는 추수를 했어. 땀 흘려 농사지은 곡식을 거두고 갈무리하면서 겨울 준비를 했지. 겨우

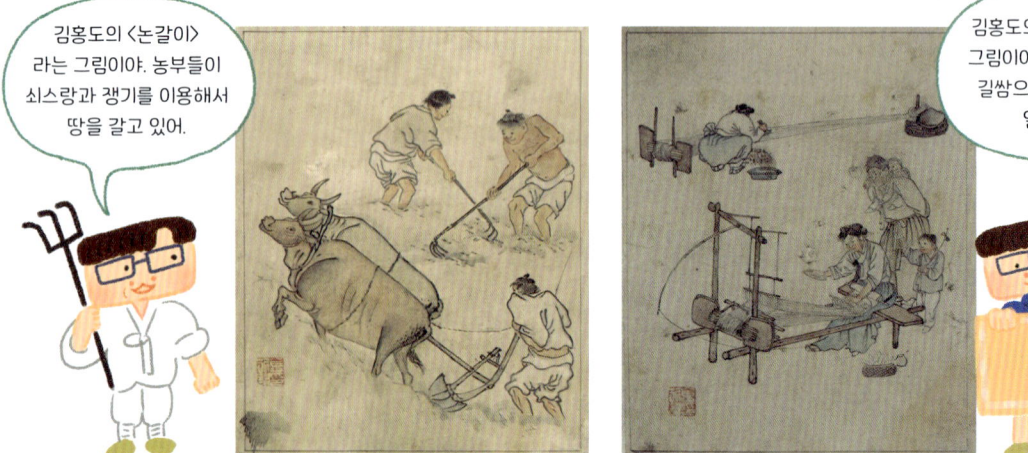

김홍도의 〈논갈이〉라는 그림이야. 농부들이 쇠스랑과 쟁기를 이용해서 땅을 갈고 있어.

김홍도의 〈길쌈〉이라는 그림이야. 여자들은 주로 길쌈으로 옷감을 짜는 일을 했어.

내 먹을 김장을 담그는 것도 중요한 행사였어. 겨울은 농민에게는 휴식의 시간이야. 벼와 보리의 이모작을 하는 지역에서는 보리 싹이 웃자라지 않도록 보리밟기를 해 주었어. 그 밖에는 농사일을 쉬면서 새끼를 꼬거나 가마니를 짜는 등 다음 해 농사를 준비했어.

김홍도의 〈새참〉이라는 그림이야. 농부들이 고된 농사일 도중에 새참을 먹고 있어. 새참은 일을 하다 잠시 쉬면서 먹는 음식을 말하는 거야.

일하는 정도에 따라서 식사하는 횟수나 양도 달랐어. 가장 오랜 시간 동안 일해야 하는 때는 모내기 철이었어. 짧은 시간 동안에 많은 사람들이 모여서 시간에 맞춰 일해야 했기 때문에 가장 바빴지. 이런 때에는 새벽 4시쯤 일어나 새벽밥을 먹고 논에 나가서 일을 시작해. 8시쯤 되면 아침 식사를 하고 12시 넘어 점심에도 식사를 하지. 오후에는 3시나 4시쯤 새참을 먹고 8시나 되어야 일을 마치고 저녁 식사를 했어. 하루에 다섯 번 식사를 한 거야. 양이 많은 것 같아도 하루 15시간이 넘는 노동을 감당하려면 이렇게 자주 밥을 먹어야 버틸 수 있었어. 이와 반대로 겨울에는 힘든 일을 거의 하지 않으니까 하루에 아침과 저녁 두 끼만 먹었어.

조선 시대 상인에는 두 종류가 있었어. 관청의 허가를 받고 지정된 장소에서 특정한 물품을 파는 상인들과 장소에 상관없이 자유롭게 다니면서 물건을 파는 상인들이 있었지. 관청의 허가를 받은 상인들의 상점으로 대표적인 것이 한양에 있었던 육의전이야. 종이, 무명, 베, 명주, 비단, 어물을 독점적으로 판매하는 가게였어. 여섯 가지 상품을 파는 가게라 해서 육의전이

신분 제도와 생활 모습

라고 하는 거야. 이곳의 상인들은 각각의 물품을 독점적으로 판매할 수 있는 대신, 나라에서 필요로 하는 돈이나 물품을 바쳤어. 그 때문에 이들에게는 자신들이 취급하는 물품을 다른 상인들이 마음대로 팔지 못하도록 금지할 수 있는 권리가 있었어.

장소에 상관없이 자유롭게 물건을 파는 상인들은 보부상이라고 해. 무거운 짐을 지고 다니면서 파는 부상과 비교적 작은 생활용품을 보자기에 싸서 안거나 이고 다니면서 파는 보상을 합쳐 보부상이라고 불렀지. 이들은 전국의 시장을 돌아다니면서 장사를 했어. 지방 시장은 원래 농민들이 필요한 물건을 서로 교환하면서 시작됐어. 조선은 고려 시대에 비해 상업 활동을 크게 장려하지 않았지만, 물물 교환이 정기적으로 이루어지면서 사람들이 모여들었지. 매일 물건이 거래되는 것도 아니고 점포가 있는 것도 아니어서, 한 달이나 열흘, 일주일이나 닷새마다 장이 섰어. 우리가 흔히 닷새마다 서는 장을 '오일장'이라고 부르는 것이 여기서 유래된 거야. 보부상들은 대개 낮에는 장사를 하고 저녁이나 밤에 다른 곳에서 열리는 시장으로 이동해서 또 장사를 했어. 이들은 숫자가 늘어나면서 자체적으로 조직을 만들고 규약을 정하기도 했어. 보부상들이 활동하면서 전국의 시장이 그물처럼 연결되고, 특별한 곳에서만 나는 물품이 전국으로 퍼지게 되었어.

김홍도의 〈보부상〉이라는 그림이야. 전국의 시장을 돌아다니며 장사하는 보부상들의 모습이 잘 나타나 있어.

수공업자는 농기구나 무기, 악기 등 생활에 필요한 여러 가지 도구를 만들어 파는 사람들이야. 전문적인 기술자이기 때문에 나라에서 정한 기간 동안 지정된 작업장에서 일하면서 물건을 만들어 바쳐야 했어. 그리고 그 일이 끝나면 자기 작업장에서 사람들의 주문을 받아 물건을 만들어 팔아서 생계를 이어 갔지.

김홍도의 〈대장간〉이라는 그림이야. 대장간에서는 무기나 농기구 같은 연장을 만들었어. 대장간에서 일하는 사람들도 수공업자였어.

천민의 생활

천민은 대부분 노비였어. 노비는 개인 소유의 사노비와 국가 기관에 속한 공노비가 있었어. 사노비에는 처자식과 함께 주인집에 살면서 잡일을 하는 솔거 노비와 다른 동네에 살면서 주인집 땅을 경작하여 수확물을 바치는 외거 노비가 있었지. 공노비는 대부분 외거 노비처럼 농사를 지어 나라에 곡물을 바치거나 관청에 필요한 물품을 바쳤어. 노비는 주인의 재산이었으므로 사고팔거나 자식에게 물려줄 수 있었어. 주인집 딸이 결혼할 때 몸종으로 따라가 평생을 모시는 경우도 있었지. 그렇지만 노비라고 해도 결혼할 수 있었고 따로 재산을 모을 수도 있었어. 부유한 노비 중에는 다른 노비를 소유한 경우도 있었어. 특별한 재능을 가진 노비는 하급 기술직 관리에 임명되기도 했어.

천민에는 노비 외에도 백정이나 무

김홍도의 〈무동〉이라는 그림이야. 무동이란 춤추며 노래하는 어린아이를 말하는 거야. 이처럼 악기를 연주하거나 춤을 추고 재주를 부리는 사람도 천민에 속했어.

당, 광대 등이 있었는데, 보통 사람들이 꺼리는 일을 했어. 천민에게는 세금을 내거나 군대를 가는 등의 의무가 면제되었지만, 그 대신 과거에 응시하여 벼슬을 할 수 있는 권리는 없었단다.

왕은 하루를 어떻게 보냈나요?

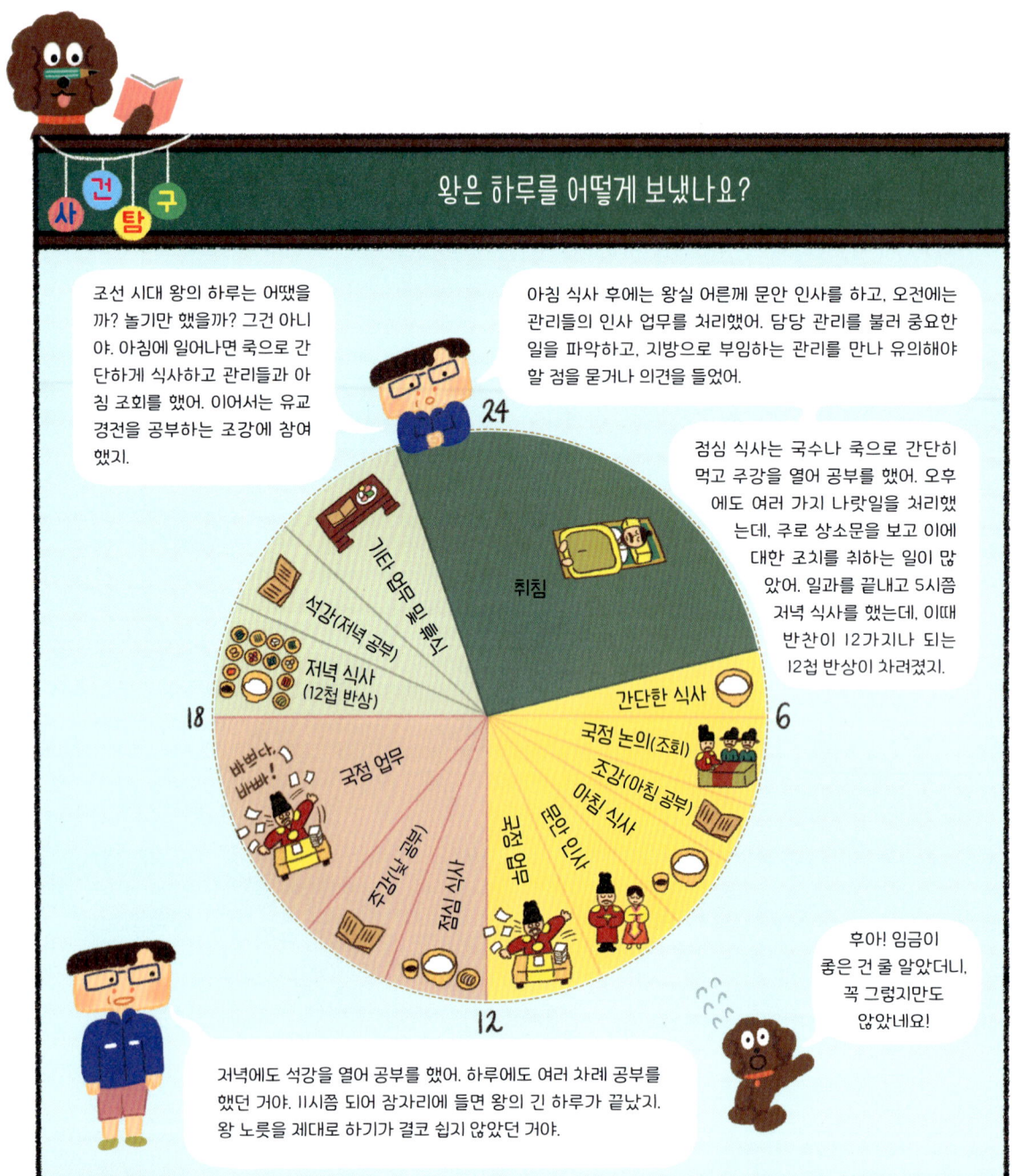

조선 시대 왕의 하루는 어땠을까? 놀기만 했을까? 그건 아니야. 아침에 일어나면 죽으로 간단하게 식사하고 관리들과 아침 조회를 했어. 이어서는 유교 경전을 공부하는 조강에 참여했지.

아침 식사 후에는 왕실 어른께 문안 인사를 하고, 오전에는 관리들의 인사 업무를 처리했어. 담당 관리를 불러 중요한 일을 파악하고, 지방으로 부임하는 관리를 만나 유의해야 할 점을 묻거나 의견을 들었어.

점심 식사는 국수나 죽으로 간단히 먹고 주강을 열어 공부를 했어. 오후에도 여러 가지 나랏일을 처리했는데, 주로 상소문을 보고 이에 대한 조치를 취하는 일이 많았어. 일과를 끝내고 5시쯤 저녁 식사를 했는데, 이때 반찬이 12가지나 되는 12첩 반상이 차려졌지.

저녁에도 석강을 열어 공부를 했어. 하루에도 여러 차례 공부를 했던 거야. 11시쯤 되어 잠자리에 들면 왕의 긴 하루가 끝났지. 왕 노릇을 제대로 하기가 결코 쉽지 않았던 거야.

후아! 임금이 좋은 건 줄 알았더니, 꼭 그렇지만도 않았네요!

생각 넓히기

1. 생각해 보기

다음은 조선 시대의 신분 제도에 대한 설명이야. 오늘날과 비교해 보고 내가 만약 그때 살았다면 어땠을까 생각해 보자.

조선 시대는 엄격한 신분제 사회였다. 신분은 부모의 신분에 따르는 것으로 능력에 상관없이 태어나면서부터 정해져 있었다. 정해진 신분은 바뀌지 않았지만, 다른 신분으로 이동하는 것이 완전히 막혀 있는 것은 아니었다. 죄를 지은 양반이나 평민이 천민이 될 수도 있었고, 반대로 평민이 과거에 합격해서 양반이 될 수도 있었다. 또 나라에 공을 세우면 천민도 평민이나 양반이 될 수 있었지만, 그런 일은 아주 드물었다.

_____

_____

2. 활동해 보기

다음은 조선 시대 중인에 속하는 사람들과 그들이 하는 일이야. 오늘날의 직업과 비교해서 써 보자.

6장 조선 시대의 사회 제도

여기는 조선 시대 맑은 봄날의 경복궁이야. 수많은 선비들이 줄지어 앉아서 글을 쓰고 있어. 꽤나 진지한 모습이야. 이 사람들은 무엇을 하고 있는 걸까? 왜 이렇게 한곳에 모여서 글을 쓰고 있는 걸까?

질문 있어요!

저기, 궁금한 게 있어요!

무엇이든 물어보세요!

아이고, 힘들다! 과거 시험을 보고 왔더니 정신이 없네요. 근데 무슨 사람들이 이렇게 많은 건가요?

관리가 되려면 과거에 합격해야 하니, 너도나도 다 몰려온 거지요.

10년 넘게 공부한 결과가 잘 나와야 할 텐데. 그나저나 이번 시험에 합격하면 관리가 될 수 있겠지요?

과거는 나라에 필요한 관리를 뽑는 시험이었지만, 합격했다고 모두 관리가 되는 것은 아니었어. 관리가 될 수 있는 자격을 주는 시험이었지. 과거에 합격한 사람은 가문이나 능력에 따라 추천을 받아서 관리가 되었단다.

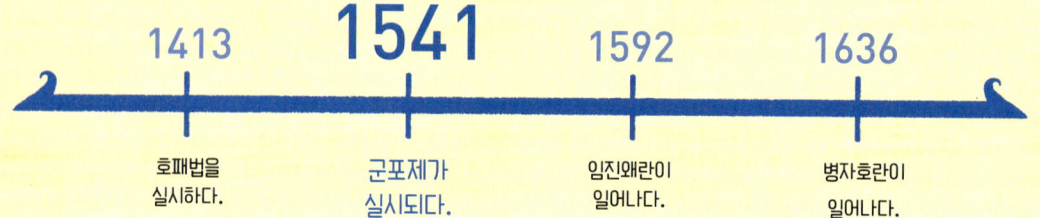

1413	1541	1592	1636
호패법을 실시하다.	군포제가 실시되다.	임진왜란이 일어나다.	병자호란이 일어나다.

교육 제도

조선 시대에 나라에서는 백성들을 가르치고 유교 이념을 널리 보급하기 위해, 한양에는 학당을 세우고 전국 각지의 읍에는 향교를 세웠어. 그리고 여기에 훈도라고 하는 선생님을 보내서 학생들에게 유학을 가르치도록 했지. 학당이나 향교에 들어가기 위해 특별한 자격이 필요하지는 않았지만, 기본적인 한문 실력과 유교 경전에 대한 기초적인 지식이 있어야 했어. 이러한 기본 교육은 서당에서 담당했어. 서당은 지방에 거주하는 유학자들이 선생님이 되어 자기 친척이나 주변의 아동들을 가르치는 곳이야. 《천자문》으로 초보적인 한자와 한문 읽는 법을 가르치고, 《동몽선습》이나 《소학》 등의 교재를 통해 유교의 기본적인 소양을 가르쳤지.

또 나라에서는 한양에 성균관이라는 고등 교육 기관을 세워 나라에 필요한 인재들을 기르려고 했어. 성균관에는 생원이나 진사 시험 합격자들이나 그 정도 수준의 학문적 능력을 인정받은 유생들만 들어갈 수 있었어. 오늘

김홍도의 〈서당〉이라는 그림이야. 서당에서는 유학자가 친척이나 주변의 아이들에게 한자와 한문 읽는 법을 가르쳤어.

이곳은 충청남도 부여에 있는 부여 향교 명륜당이야. 학생들이 여기서 공부를 했어.

서울시 종로구에 있는 성균관의 모습이야. 성균관은 조선 시대 최고의 교육 기관이었어.

날로 치면 서당은 초등학교, 학당과 향교는 중고등학교, 성균관은 대학교에 해당한다고 할 수 있어.

이 밖에 나라에서 세우지는 않았지만 중요한 교육 기능을 담당했던 곳으로 서원이 있었어. 서원은 지방의 사림들이 공자나 그 제자들, 그리고 주자 등 유교 역사에서 중요한 인물들을 기리고, 지역의 인재들에게 유학을 가르치기 위해 세운 곳이야. 일종의 사립 학교라고 할 수 있지. 나라에서는 학당이나 향교뿐 아니라 서원에도 여러 가지 경제적인 지원을 했어. 그래서 지역에 따라서는 학생들이 공부하기 위해 향교보다 서원에 더 많이 몰려들기도 했어. 이런 이유로 조선 후기에는 향교의 역할이 줄어들고 서원이 번성했단다.

과거 제도

조선 시대에는 과거라는 시험을 통해 나라에 필요한 관리를 선발했어. 그러니까 관리가 되려면 우선 과거에 합격해야 했지. 조선의 관리는 문반과 무반으로 나뉘어 있었어. 문반은 문신을 가리키고 무반은 무신을 가리키는 거야. 문반과 무반을 합쳐서 양반이라고 해. 이처럼 양반이란 말은 원래 문무 관리를 일컫는 말이었어. 이것이 나중에 가족과 후손까지 포함하는 신분을 나타내는 말로 바뀐 거야.

과거는 문반 관리를 뽑는 문과와 무반 관리를 뽑는 무과로 나누어 시행되었어. 문과는 소과와 대과로 구분되었는데, 소과에는 생원과와 진사과가 있었고 각각 100명씩 뽑았어. 소과 합격자는 대과를 볼 수 있는 자격을 받거나 하급 관리에 임명될 수 있었지. 대과에서는 33명을 뽑았어. 대과 합격자는 성적에 따라 관직에 나아갈 수 있었어. 앞(80~81쪽)에서 보았던 것이 경복궁에서 열린 대과 시험 모습이야. 오랫동안에 걸쳐 공부한 것을 펼쳐 보이는 기회였지. 선비들은 누구나 장원 급제를 꿈꾸며 진지하게 시험을 치렀어. 장원 급제란 대과에서 1등을 차지하는 것을 말하는 거야. 반면에 무과는 대과와 소과의 구분 없이 최종 합격자 28명만을 뽑았어. 과거는 3년마다 한 번씩 정기적으로 열리는 식년시와 왕자가 새로 태어나는 등 나라에 경사스러운 일이 있을 때나 국왕의 명으로 특별히 실시하는 별시가 있었어.

과거 시험은 죄인의 아들같이 특별한 경우가 아니면 양반뿐만 아니라 평민도 볼 수 있었어. 실제로 과거에 합격한 평민도 있었다고 해. 물론 양반에

경복궁 근정전 앞에 있는 품계석이야. 과거에 합격하여 관직을 받은 관리들에게는 품계라는 등급이 있었는데, 의례 때에 관리는 자신의 등급을 나타내는 품계석 옆에 서야 했어.

조선 시대의 사회 제도

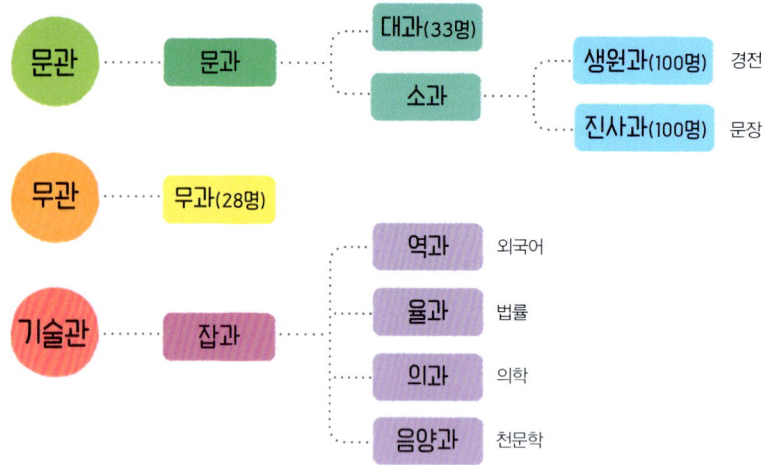

비해 평민들의 생활이 어려워서 오랫동안 과거 공부에 전념하지 못하기 때문에, 과거를 통해 양반이 될 수 있는 가능성은 아주 적었지. 하지만 가능성이 적긴 해도 과거 시험은 신분을 상승시킬 수 있는 기회였어.

과거 시험에는 문과와 무과 이외에도 잡과가 있었어. 중인에 해당하는 역관이나 의관, 천문관 등을 뽑는 시험이었어. 이들이 배워야 할 의술, 외국어, 천문학 등의 기술 교육은 일반적인 교육 기관에서 하지 않았기 때문에, 전의감이나 사역원, 관상감 등 담당 관서에서 했어. 이렇게 기술을 익힌 사람들이 잡과를 거쳐 관리가 되었지. 잡과도 문과나 무과처럼 3년마다 시행되었어.

과거는 나라에서 필요로 하는 관리를 선발하는 시험이지만 합격했다고 모두 관리가 되는 것은 아니야. 단지 관리가 될 수 있는 자격을 주는 거야. 과거에 합격한 사람은 가문이나 능력에 따라 기존 관리들의 추천을 받아서 관리가 되었지. 이것이 합격한 사람 모두 공무원이 되는 오늘날의 공무원 시험과 다른 점이야. 특히 조선 후기에는 과거를 거의 매년 실시하였고, 한

번에 응시하는 인원이 10만 명을 넘는 때도 있었어. 이에 따라 합격자 수도 늘어나 과거에 합격한 사람 중에서 관직을 얻지 못하는 사람들이 많아졌어.

조세 제도

조세란 나라에서 나라 살림을 꾸려 가기 위해 필요한 경비를 백성들로부터 거둬들이는 것을 말해. 그러니까 세금 같은 거라고 할 수 있지. 조선 시대의 조세는 크게 토지세와 공납, 군역으로 이루어져 있었어.

토지세

토지에 매기는 세금을 토지세라고 해. 논밭과 같은 토지에 매기는 토지세는 수확량의 $\frac{1}{10}$이 기준이었어. 그러니까 농사지어 거둔 곡식의 $\frac{1}{10}$을 토지세로 내야 하는 거야. 그런데 같은 면적의 땅이라 해도 땅의 상태에 따라 수확량이 다르고, 풍년이나 흉년에 따라 해마다 수확량이 다를 텐데 어떻게 세

조선 시대의 사회 제도

금을 매겨야 좋을까? 국가에서 그냥 정하면 될까? 아니면 농민들이 신고하는 대로 거두면 될까?

나라에서는 안정적으로 세금을 걷고 싶을 테고, 백성들은 어떻게 해서든 세금을 적게 내고 싶을 거야. 그래서 세종은 토지의 비옥한 정도에 따라 6등급, 한 해의 풍흉에 따라 9등급으로 나누어서 세금을 매겼어. 백성들 누구나 형편에 맞춰 고르게 세금을 내게 하려는 뜻이었지. 이렇게 하면 거두어들일 수 있는 세금을 미리 알 수 있어서 나라의 예산을 세우기에도 좋았어.

그렇지만 아무리 좋은 제도라 해도 토지의 비옥도나 풍흉의 정도를 공정하게 판정하지 않으면 부정한 일이 생길 수 있어. 좋은 땅을 가진 부자들은 토지 등급을 판정하는 관리에게 뇌물을 주고 낮은 등급을 받아 세금을 적게 내려 했어. 이 때문에 형편이 어려운 사람이 오히려 세금을 더 많이 내는 일도 벌어졌어. 그러자 나라에서는 토지세를 정확하게 걷기 위해, 20년마다 전국 토지의 면적과 등급을 조사해서 양안이라는 토지 대장을 만들려 했어. 그러나 비용이 많이 들고 번거로웠기 때문에 전국적인 토지 조사 사업은 잘

조선 시대의 토지 대장인 양안이야. 나라에서는 이를 근거로 토지에 매기는 세금을 부과했어.

시행되지 않았지. 또 원래 토지에 대한 세금은 땅 주인이 내는 거야. 그런데 어떤 지주는 소작인에게 세금을 대신 내도록 시키는 경우도 있었어. 이런 이유로 농민들의 생활은 더욱 어려워졌어.

공납

백성들은 토지세 말고도 각 지방에서 나는 특산물을 나라에 바쳐야 했어. 이걸 공납이라 하고, 바쳐야 하는 특산물을 공물이라고 해. 꿀이나 과일, 해산물, 종이, 목재와 말 등이 대표적인 공물이었지. 원래 공납은 자기 고장에서 생산되는 특별한 산물을 임금께 바친다는 의미가 있었어. 그렇지만 왕이 혼자 모든 것을 다 먹거나 쓰는 것은 아니기 때문에, 대부분의 공물을 관청에 내려 주면 관청은 그것을 경비로 썼어. 그러다 보니 지방에서 임금께 바치고 임금이 다시 관청에 내려 주던 것이, 지방에서 직접 중앙의 관청에 공물을 바치는 것으로 바뀌었어.

조선 시대의 사회 제도　89

나라에서는 전국 각 고을에서 나는 특산물에 대해 물품과 수량을 미리 정해 놓았어. 각 고을에서는 이를 집집마다 나누어 내도록 했지. 그런데 기후나 풍토가 달라져서 원래의 특산물이 나지 않게 되거나 생산량이 줄어드는 경우도 있었어. 그래도 한 번 정해진 것은 바꾸기 어려웠어. 그래서 없는 특산물을 사서 내야 하는 일까지 생겨났지. 또 공물은 집집마다 나누어 내야 했기 때문에 형편이 어려운 농민들은 감당하기 힘들 정도였어. 이를 틈타 특산물을 미리 사서 관청에 대신 내고, 그 비용을 각 고을에 요구하는 상인이 나타났어. 이들은 자신들이 먼저 낸 공물의 가격을 엄청나게 부풀려서 큰 이익을 냈어. 나중에는 고을 수령이나 조정의 권력자와 모의하여, 공물을 백성들이 직접 내지 못하게 하고 자신들을 통해서만 공물을 내도록 했지. 이를 방납이라고 해. 직접 내는 것을 방해한다는 뜻이야. 이들의 횡포로 공물 부담이 계속 늘어났고 백성들의 생활은 점점 어려워졌어.

군역

조선 시대에 백성들은 토지세와 공납뿐만 아니라, 나라를 지키기 위해 직접 병사가 되거나 병사가 복무하는 데 필요한 비용도 부담해야 했어. 나라에서는 백성들의 경제적 능력에 따라 직접 군사가 되는 정병과 이들을 돕는 보인으로 나누어서 군역을 부과했어. 정병이 되면 해마다 혹은 몇 년에 한 차례씩 지정된 부대에 가서 훈련을 받거나 성을 쌓는 등 실제로 복무를 해야 했지. 가끔 여진족이나 왜구와의 전투에 동원되기도 했어. 그런데 조선 시대에는 군사들의 식량이나 머물 곳을 나라에서 준비해 주지 않았어. 정병은 복무하는 동안 자신이 먹을 식량과 거처의 비용을 스스로 준비해야 했어. 무기나 갑옷, 기병인 경우에는 말도 스스로 마련해야 했지. 나라에서는 전쟁이 일어나서 많은 군사들을 동원해야 할 때를 대비해서 군량을 준비해 두었어. 하지만 평상시에는 군인들에게 식량이나 무기를 제공하지 않았던 거야. 그래서 어느 정도의 경제력이 있는 백성들만 정병이 될 수 있었단다.

지금 만일 군대에 가면서 자기가 입을 군복과 먹을 식량을 가지고 가야 한다면 어떻게 될까? 또 총도 준비해야 하고, 운전병이나 탱크를 운전하는 군인은 차나 탱크를 스스로 준비해서 군대에 가야 한다면 아마 큰 소란이 벌어질 거야. 그렇지만 군인이 자기가 쓸 무기와 식량을 준비하는 것은 근대 이전에는 동서양을 막론하고 공통적인 모습이었어. 서양에서도 전쟁이 일어나면 지방 귀족들이 스스로 지휘관이 되어, 자기 영지의 농민들을 병사로 삼아 부대를 만들어 싸우는 것이 일반적이었지. 나라에서 국민들에게 병역 의무를 부과하여 군인으로 훈련시키고, 군대에 있는 동안 식량과 군복, 무기와 장비를 제공하는 것은 근대 사회 이후에야 볼 수 있는 모습이야.

정병이 군대에 가 있는 동안 농사를 지을 수 없으니 집안 형편이 어려워지는 건 당연하겠지? 아무리 넉넉한 집안의 장정을 정병으로 정해도, 몇 달 동안 농사를 짓지 못하면 경제적으로 곤란해질 수밖에 없어. 이를 막기 위해 나라에서는 정병 한 사람마다 정병을 돕는 보인을 2~3명씩 배정했어. 보인으로 지정된 사람들이 정병으로 나간 집에 경제적 도움을 주도록 했던

거야.

그런데 조선의 대외 관계가 안정되면서 여진족이나 왜구와 충돌이 줄어들자, 군사들이 전투를 하는 경우보다는 성을 쌓거나 해안 지역의 제방을 쌓는 일을 하는 경우가 더 많아졌어. 그러자 나라를 지키는 일이 아니라 힘든 일을 하게 된 정병들은 자기 대신 다른 사람을 보내려 했어. 돈이나 쌀을 주고 다른 사람에게 군역을 대신 지게 했지. 지금 만일 군대를 가지 않고 다른 사람을 대신 보낸다면 큰 벌을 받을 거야. 하지만 조선 시대에는 문제가 되지 않았어. 일을 시키는 것은 마찬가지였으니 나라에서는 누가 오든 상관없었던 거야. 정병들은 자기 대신 보낼 사람에게 줄 물품을 마련하기 위해 애를 썼어.

이런 일이 잦아지자 나라에서는 군역을 가는 대신 1년에 1인당 2필씩 베를 거두게 했어. 이를 군포라고 해. 백성들에게 받은 군포로 장정들을 모아 군인으로 삼으려 한 거야. 그대로 된다면 백성들의 입장에서는 부담이 줄어든다고 할 수 있어. 그렇지만 나라에서는 정병과 보인의 숫자를 실제보다 더 많이 정해 두었어. 또 양반이나 천민들은 군포를 내지 않았기 때문에 일반 백성들이 내야 하는 군포는 더 많았지. 이 때문에 부담을 견디지 못한 백성이 도망을 치면, 군포를 일가친척이나 이웃 사람에게 대신 내도록 하는 일이 자주 일어났어. 이처럼 군역이나 군역 대신 내는 군포 또한 백성들의 삶을 어렵게 했어.

형벌 제도

조선 시대에는 임금으로부터 일반 백성에 이르기까지 모두 유교 윤리에 맞게 교화되기를 바랐지만, 죄인을 다스리는 형벌 제도도 갖추어져 있었어. 조선 시대에는 오늘날과 달리 죄수를 감옥에 오래 가두어 두지 않았어. 오늘날 죄수를 감옥에 가두어 두는 이유는 자기가 지은 죄를 반성하고 뉘우치도록 하기 위해서야. 그렇기 때문에 교도소라고 부르지. 조선 시대에도 감옥이 있었지만 판결이 날 때까지만 죄수를 가두어 두는 곳이었어. 그러니까 10년, 20년씩 감옥에 가두는 징역형은 없었던 거야. 조선 시대 형벌은 죄의 무겁고 가벼움에 따라 태, 장, 도, 유, 사의 다섯 가지 등급이 있었어.

태형은 종아리나 무릎을 때리는 벌이야. 남을 때려서 상처를 입히거나 물건을 훔치는 등 작은 죄를 저지른 경우에 태형을 받았어. 장형은 커다란 몽

커다란 몽둥이, 즉 곤장으로 볼기를 치는 장형의 모습이야.

잔인해요!

유형은 먼 유배지로 귀양을 보내는 벌이야. 이 그림은 추사 김정희가 제주도에 유배되었을 때 그린 거란다.

둥이로 볼기를 때리는 벌이야. 강도 짓을 하거나 여러 차례 나쁜 짓을 한 범죄자들이 장형을 받았어. 도형은 일정 기간 동안 중노동을 시키는 벌이야. 부모에게 불효하거나 윗사람을 모욕하는 등 기강을 어지럽히는 죄를 지은 범죄자에게 도형을 내렸지. 유형은 먼 유배지로 귀양을 보내는 벌이야. 역적모의에 관계되었거나 왕명을 거역한 사람들이 유형을 받았는데, 용서받기 전에는 평생 돌아오지 못했어. 대개 한양에서 멀리 떨어져 있고 생활 여건이 나쁜 섬이나 해안 지역, 평안도나 함경도 등 변방 지역에 유배되었지.

끝으로 사형은 죄지은 사람을 죽이는 벌이야. 사람을 죽이거나 역적모의를 주도한 중죄인들이 대부분 사형을 당했어. 일부러 사람을 죽인 게 아닌 경우에는 죄인의 목을 졸라 죽이는 교형에 처했어. 서로 싸우다가 상처를 입혀 사람을 죽게 하거나, 윗사람이 아랫사람을 훈계하다 매가 지나쳐 죽게 하는 등의 경우가 여기에 해당되었지. 반면에 일부러 사람을 죽이고 강도 짓을 하거나 자식이 부모를 죽이거나 노비가 주인을 죽인 경우, 역적모의를 주도하는 등 나라에 큰 죄를 저지른 경우에는 죄인의 목을 베는 참형에 처했어.

사형 판결을 내릴 경우에는 반드시 삼심제를 거치도록 했어. 즉 3번에 걸쳐 사건 내용을 심사하는 거야. 먼저 감사가 판결을 내리고 사건을 형조에 보고하면, 형조에서는 상세히 내용을 다시 조사하여 임금에게 보고했어. 그 다음에 끝으로 왕이 직접 사건의 내용을 다시 살펴보고 최종 판결을 내리도록 한 거지. 아무리 큰 죄를 지은 중죄인이라도 억울한 일이 없도록 하려고 그랬던 거야.

생각 넓히기

1 생각해 보기

다음은 조선 시대의 과거 제도에 대한 설명이야. 조선 시대의 과거 제도가 오늘날의 공무원 시험과 다른 점은 무엇이고, 그 제도의 문제점은 무엇이었는지 생각해 보자.

조선 시대에는 나라에서 필요로 하는 관리를 과거 시험을 통해 뽑았다. 하지만 과거 시험에 합격했다고 해서 모두 관리가 되는 것은 아니었다. 단지 관리가 될 수 있는 자격만을 주었다. 과거에 합격한 사람은 가문이나 능력에 따라, 기존 관리들의 추천을 받아 관리가 될 수 있었다.

2 활동해 보기

다음은 조선 시대의 조세 제도 중 특산물을 바치는 공납을 설명하는 그림이야. 그림을 보고 어떤 점이 가장 큰 문제인지 써 보자. 또 어떻게 하면 그 문제를 해결할 수 있을지도 써 보자.

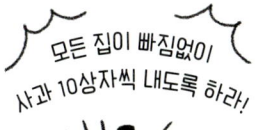

모든 집이 빠짐없이 사과 10상자씩 내도록 하라!

7장 임진왜란

여기는 지금으로부터 500여 년 전인 1593년의 한양이야.
어떤 군인이 토한 것을 사람들이 서로 주워 먹으려 하고 있어. 그걸 먹으려고 서로 싸우는 것 같아.
저 군인들은 누구이고, 왜 이렇게 비참한 광경이 벌어지게 된 것일까?

전쟁이 시작되다

조선이 세워지고 200년이 흐른 1592년에 일본이 조선에 쳐들어오면서 전쟁이 시작되었어. 바로 임진왜란이 벌어진 거야. 전쟁이 시작된 1592년이 임진년이라 '임진년에 왜와 벌인 전쟁'이라는 뜻으로 임진왜란이라고 부르지. 임진왜란은 조선을 돕기 위해 명나라까지 참전하면서, 세 나라 군대가 조선에서 싸운 큰 전쟁이었어. 1598년에 일본군이 물러가면서 전쟁은 끝났지만 세 나라 모두 커다란 변화를 겪게 된단다.

그런데 일본은 왜 조선에 쳐들어왔을까?

조선은 건국 초기의 혼란을 극복하고 나라의 기틀을 잡으면서 정치적으로나 문화적으로 안정을 이루었어. 반면에 일본에서는 힘이 센 영주들 사이에 싸움이 오래 계속되었지. 싸움이 계속되다 보니 새로운 무기도 들어오게

되었고 여러 가지 기술도 발달했어. 포르투갈을 거쳐 일본에 들어온 조총이 가장 대표적인 신무기였어. 조총은 몸체가 길고 총알도 꽤 멀리까지 날아가는 총이야. 날아가는 새도 맞힐 수 있다고 해서 '조총'이라는 이름이 붙었지. 오랜 싸움 끝에 도요토미 히데요시가 다른 영주들을 물리치고 일본을 통일했어. 도요토미 히데요시는 오랜 전쟁을 통해 강력해진 군사력을 바탕으로, 조선과 명나라를 침략할 계획을 세우고 준비를 하기 시작했어.

일본에서 전쟁을 준비한다는 소식이 대마도를 통해 알려지자 조선에서는 일본에 통신사를 보내 사정을 알아보고, 침략에 대비하여 성을 다시 쌓거나 무기를 점검했어. 그렇지만 충분히 대비하지는 못했어. 조선에서는 혹시 일본이 쳐들어오더라도, 예전처럼 적은 수의 왜구들이 바닷가 마을을 공격하거나 약탈하는 정도로 생각했던 거야. 일본군이 신무기 조총을 앞세워 조선 왕의 항복을 받아 내기 위해, 수많은 군대를 이끌고 한양까지 쳐들어오리라고는 전혀 상상도 하지 못했던 거지.

대마도를 출발한 일본

일본군에 맞서 부산진을 지키던 사람들의 모습을 그린 〈부산진 순절도〉야. 순절이란 나라를 위해 목숨을 바치는 것을 뜻하는 거야. 일본 배와 군인들이 엄청나게 많아.

군은 1592년 4월 14일 부산에 상륙했어. 부산 첨사 정발을 비롯한 군사들과 백성들이 힘을 합쳐 싸웠지만, 일본군을 막지 못했고 성은 금세 함락되고 말았어. 이어서 동래성도 함락되었지. 그런데 왜 이렇게 쉽게 무너진 걸까? 조선에서는 일본이 대규모 군대를 이끌고 쳐들어오리라고는 생각하지 못했기 때문에 전쟁 준비가 부족했어. 부산 앞바다에 일본 배가 나타날 때까지는 침략 사실을 알지도 못했어. 게다가 일본군의 숫자가 너무 많아서 제대로 싸워 보지도 못하고 무너진 거야.

부산을 점령한 일본군은 경주와 상주를 거쳐 한양으로 진격했어. 전쟁이 일어났다는 소식이 전해지자 조정에서는 신립 장군을 보내 일본군을 막게 했어. 신립 장군은 예전에 여진족과 싸울 때마다 승리했던 훌륭한 장수였기 때문에, 일본군을 충분히 이길 수 있다고 생각했던 거야. 그렇지만 그는 충주 남한상가에 있는 탄금대 부근 벌판에서 벌어진 전투에서 크게 패하였고 결국 자결하고 말았지. 신립 장군이 패했다는 소식을 들은 조정에서는 한양을 지키기 어렵겠다고 판단하여 피난을 가기로 했어. 왕과 신하들이 짐을 싸서 개성과 평양을 거쳐 의주까지 피신했단다.

수군이 활약하고 의병이 일어나다

육지에서는 일본군에게 계속 패배를 당했지만, 바다에서는 전라 좌수사 이순신 장군이 이끄는 수군이 옥포와 당항포, 거제, 한산도 등지에서 일본군을 계속해서 격파했어. 임진왜란이 일어나기 1년 전에 전라 좌수사로 임명된 이순신은 전쟁에 대비하여 무기와 식량을 미리 준비했고 군사들을 잘 훈련시켰어. 이순신은 부산에 적이 상륙했다는 소식을 듣고, 출동 준비를 갖추고 있다가 경상 우수사 원균과 힘을 합쳐 일본군을 물리쳤어. 특히 한산도 앞바다에서는 학익진이라는 전술로 일본군 함대를 포위하여 큰 승리를 거두었지. 이를 한산도 대첩이라고 해. 학익진은 전투함들을 학의 날개 모양으로 배치해서 적을 포위하는 전술이야.

그러면 조선 수군이 계속 승리를 거둘 수 있었던 이유는 무엇일까? 가장 큰 이유는 당시 조선은 판옥선과 거북선이라는 우수한 전함을 가지고 있었기 때문이야. 왜구의 침략이 잦았기 때문에 이를 바다에서 막기 위해, 조선에서는 일찍부터 싸움배 개발에 힘을 기울였어. 그 결과 판옥선과 거북선을 만들 수 있었지.

보통 배는 돛을 달아서 바람의 힘으로 바다를 항해하지만 싸움배에는 노 젓는 사람들이 있었어. 원하는 방향으로 배가 가도록 하기 위해서는 바람에만 의지할 수 없었던 거야. 또 싸움배에는 활을 쏘거나 대포를 쏘는 군사들도 함께 탔어. 그런데 배 위에 노 젓는 사람들과 군사들이 뒤섞여 있으면 싸

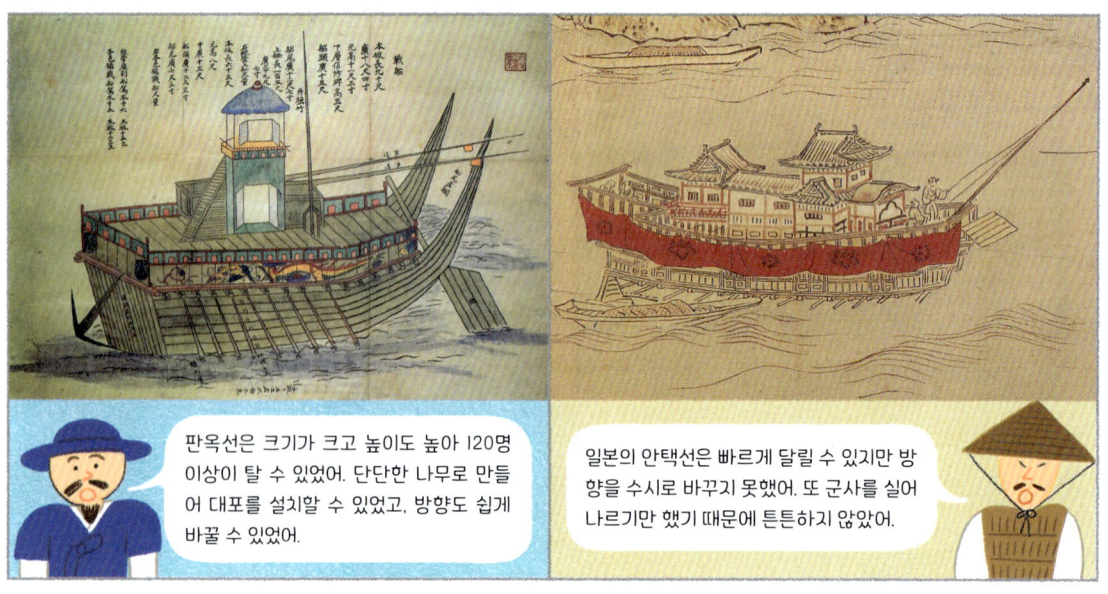

판옥선은 크기가 크고 높이도 높아 120명 이상이 탈 수 있었어. 단단한 나무로 만들어 대포를 설치할 수 있었고, 방향도 쉽게 바꿀 수 있었어.

일본의 안택선은 빠르게 달릴 수 있지만 방향을 수시로 바꾸지 못했어. 또 군사를 실어 나르기만 했기 때문에 튼튼하지 않았어.

움이 벌어졌을 때 큰 혼란이 일어나겠지? 판옥선은 이 문제를 해결하기 위해, 노 젓는 사람들을 배의 아랫부분에 두고 판자를 대서 화살이나 총탄에 맞지 않도록 보호했어. 갑판 위에도 방패를 세워 놓아 활을 쏘거나 대포를 쏘는 군사들이 안전하게 싸울 수 있도록 했지. 이렇게 만들다 보니 배의 높이가 높아졌어. 배의 높이가 높으면 여러모로 유리해. 당시 일본 수군의 전법은 자기 배를 상대편 배에 접근시킨 뒤에 뛰어들어서 싸우는 것이었는데, 판옥선은 높이가 높아 일본군이 조선 배에 뛰어들 수 없었거든. 또 화살이나 대포의 포탄을 멀리까지 쏘아 보낼 수 있는 것도 유리한 점이었어. 이에 비해 일본 수군의 배들은 주로 군사들을 실어 나르기 위해 만들어진 것이라서 튼튼하지 않았어. 또 상대편 배에 뛰어들어서 싸우는 전법을 썼기 때문에 배에 방패 등의 보호 시설도 부족했지.

거북선은 판옥선의 갑판 위까지 판자로 덮어 군사들을 보호하도록 한 싸움배야. 판자에는 송곳을 거꾸로 꽂아서 적이 배에 뛰어들더라도 상처를 입고 움직일 수 없도록 했어. 이처럼 철저히 준비를 해 놓았기 때문에, 거북선은 싸움이 벌어지면 제일 먼저 일본 배들 사이로 돌격해 들어가 각종 화포를 쏘아 일본 배들을 깨트렸어. 밖에서 배 안을 볼 수 없어 조선 군사들이 어디 있는지 알 수 없었기 때문에, 일본군은 거북선을 장님배라 불렀다고 해.

판옥선이나 거북선에 실린 대포를 비롯한 화약 무기들도 조선군의 강점이었어. 조선은 여진이나 왜구와 싸우기 위해 일찍부터 화약 무기를 개발했어. 특히 천자

임진왜란 당시의 거북선을 복원한 모형이야. 판옥선에 덮개를 씌우고 그 위에 송곳을 거꾸로 꽂아, 적이 올라타기 어려웠어.

총통과 지자총통 등 각종 대포들은 무거워서 육지에서 사용하기에 불편했지만, 배에 실어 바다에서 쓰기에는 아주 편리했지. 이 대포들은 커다란 화살이나 불화살, 크고 작은 포탄들을 발사했는데, 날아가는 거리가 700미터에서 1킬로미터까지 되었어. 반면에 일본 수군의 무기는 조총이었는데, 조총 탄환은 날아가는 거리가 100미터에서 200미터밖에 되지 않아 조선 수군의 대포와 비교가 되지 못했어. 이 때문에 일본 수군의 배는 조선군의 판옥선에 가까이 오기도 전에 불화살이나 포탄을 맞고 가라앉고 말았어.

또 이순신 장군의 전술도 훌륭했어. 그는 조선군의 배와 무기가 우수해도 섣불리 싸우지 않고 먼저 적의 정보를 상세히 수집했어. 자기가 가진 군사력뿐 아니라 전라 우수영, 경상 우수영 등 인근 지역의 군사력을 모두 모아 조선군의 전력을 강하게 한 뒤에 일본 수군과 맞서 싸웠지. 확실하게 이길 수 있는 상황을 만들어 두고 싸웠던 거야. 이 때문에 조선 수군이 매번 이길 수 있었던 거란다.

한편 충주에서 조선군의 주력 부대를 격파한 일본군은 더욱 빨리 진격하여 한양을 점령했어. 부산에 상륙한 지 불과 20일 만에 한양에 이르렀으니 하루에 25킬로미터씩 전진한 셈이야. 지금처럼 길이 좋은 것도 아니고, 전투를 하면서 이렇게 빨리 전진했으니 정말 속도가 빨랐지? 대규모 침략에 대비한 준비가 없었

일본군의 침입 경로

기 때문에 조선군은 일본군의 기세를 막지 못했던 거야. 한양을 점령한 일본군은 평양까지 진격했고, 일부 병력은 강원도를 거쳐 함경도에 이르러 두만강 변에 도달했어. 이처럼 처음에는 전쟁이 일본군의 일방적인 승리로 끝나는 것처럼 보였어.

하지만 진격 속도가 빠른 것이 일본군에게 유리한 것만은 아니었어. 신속히 한양으로 진격한 것은 왕을 포로로 잡아 항복을 받아 내려는 것이었는데, 당시 왕이었던 선조는 신하들과 함께 북쪽으로 피신했어. 일본군은 이를 잡기 위해 평양까지 내달렸지만 선조를 잡지 못했고 보급로만 길어지고 말았지. 보급로란 전쟁 때 군사들에게 식량과 물자를 전달하는 길을 말하는데, 보급로가 길어지면 물자를 전달하기가 쉽지 않거든.

이런 상황에서 나라를 지키기 위해 일어난 의병들이 일본군을 더욱 힘들게 했어. 의병이란 일본군과 맞서 싸우기 위해, 전직 관료나 지방의 선비들이 자발적으로 주위의 백성들과 함께 만든 부대야. 양반에서 천민에 이르기까지 신분에 상관없이 일어난 의병들은 자기가 사는 고장과 나라를 지키기 위해 열심히 싸웠지. 곽재우, 고경명, 김천일, 조헌 등이 큰 활약을 한 의병장들이야. 이처럼 전국 각지에서 일어난 의병들과 패배해서 흩어졌던 조선군이 다시 힘을 모아 일본군과 싸움을 벌이기 시작했어. 이 때문에 일본군은 부산에서 한양, 평양으로 이어지는 주요 도시와 도로는 차지할 수 있었지만 조선 전국을

의병들의 활동

장악하지는 못했어.

이순신이 이끄는 조선 수군의 활약으로 일본군은 보급로가 끊겼어. 한양과 평양을 점령하고 있는 군인들에게 바다를 통해 식량이나 물자를 공급할 수 없었던 거야. 그래서 부산에서 길을 따라 소나 말이 끄는 수레를 이용하여 운반해야 했는데 시간이 오래 걸렸어. 게다가 의병들의 공격 때문에 군사들이 싸움까지 해야 해서, 어떤 때는 가져오는 식량보다 중간에 먹는 식량이 더 많았다고 해.

일본군은 이러한 식량 문제를 해결하기 위해 쌀이 많이 나는 전라도 지역을 공격하려 했어. 그런데 충청도를 통해 전라도로 가는 길목인 금산에서 조헌이 이끄는 의병 부대에 막혔어. 또 전라도 해안 지역으로 가는 길목인 진주성에서는 진주 목사 김시민이 이끄는 관군과 곽재우 등이 이끄는 의병에게 패배하고 말았지. 일본군은 한양과 평양을 차지하고 있었지만 점점 형편이 어려워졌어.

명나라가 참전하고 한양을 다시 찾다

이런 상황에서 명나라 군대가 조선을 도와주러 왔어. 그런데 명나라는 왜 조선을 도와주었을까? 일본이 조선을 거쳐 명나라까지 공격하겠다고 했기 때문에, 조선이 일본의 손아귀에 들어가면 자기들도 피해를 입을까 걱정이 되어 조선 땅에서 일본군을 막으려 한 거야. 화포를 잘 다루는 명나라 군대는 조선군과 힘을 합쳐 평양성을 다시 찾았고, 일본군은 한양까지 후퇴했어. 하지만 일본군의 기세가 한풀 꺾이자 명나라 군대는 적극적으로 싸우려 하지 않았어. 일본군이 압록강을 건너 명나라까지 쳐들어올 가능성이 줄었기 때문이지. 조선의 입장에서는 명나라 군대가 일본군을 완전히 몰아내도록 도와주기를 바랐지만, 명나라는 자기 군사들을 다치게 하고 싶지 않았던 거야.

조선

명나라

명나라 군대는 소극적이었지만 조선군은 어떻게 해서든 일본군을 몰아내고 한양을 되찾으려 했어. 권율 장군이 이끄는 군사들이 한양 근처 한강변에 있는 행주산성에서 일본군을 위협했지. 그러자 한양에 있던 일본군들이 나와서 행주산성을 포위했어. 그때 조선군의 숫자는 3천 명 정도였고, 일본군은 2만 명이 넘었기 때문에 일본군은 쉽게 이길 수 있을 것이라 생각했어. 그러나 조선군은 수십 발의 불화살이나 포탄을 한꺼번에 발사할 수 있는 화차를 가지고 있었고, 군사들과 백성들이 결사적이었어. 결국 성안의 군사들과 백성들이 모두 힘을 합쳐 일본군의 공격을 막아 냈지. 일본군은 자기들 숫자가 많은 것만 믿고 여러 차례 무모하게 공격했지만 실패하고 말았어. 행주산성 전투는 이순신의 한산도 대첩, 김시민의 진주 대첩과 함께 임진왜란 중 조선이 크게 이긴 대표적인 싸움이야.

행주산성 싸움에서 패배한 뒤에 일본군은 한양에서 빠져나왔어. 앞 (96~97쪽)에서 보았던 것이 바로 이때 한양에 남아 있던 백성들의 처참한 모습이야. 일본군이 명나라 군대와 조선 군대에 밀려서 후퇴했지만 한양에는 먹을 것이 없었어. 이 때문에 굶주린 조선 사람들은 명나라 군사가 토한 것이라도 먹으려고 했던 거야. 한양에서 빠져나온 일본군은 경상도와 전라도 남해안 지역으로 후퇴하여 성을 쌓고 버티면서 협상을 통해 전쟁을 끝내

이 그림은 행주 대첩 기록화야. 행주산성에서 군사들과 백성들이 결사적으로 싸운 모습이 생생하게 표현되어 있어.

려 했어. 명과 조선은 일본군이 완전히 물러날 것을 요구했지만, 일본은 조선의 남부 지역 4도를 자기들에게 넘겨 달라고 했지. 나라의 반을 일본에 넘겨주는 것은 조선이 도저히 받아들일 수 없는 조건이었기 때문에 협상은 이루어지지 못했어.

정유재란이 일어나다

4년에 걸친 협상이 실패로 돌아가자 일본은 1597년에 다시 많은 군대를 동원하여 조선에 쳐들어왔어. 이를 정유재란이라고도 해. '정유년에 다시 일어난 전쟁'이란 뜻이야. 이번에 일본군은 특히 수군을 강화하여 배를 1천여 척이나 끌고 왔어. 그동안 조선 수군에게 참패한 것을 만회하고, 전라도 해안을 따라 한양으로 직접 쳐들어가려 했기 때문이지.

그렇지만 그동안 조선이 아무것도 안 하고 있었던 것은 아니야. 전쟁 초기에 조선군을 놀라게 한 조총도 스스로 만들었어. 처음에는 일본군의 조총을 빼앗아 사용하거나 포로를 시켜 만들게 했지만, 기술을 익힌 뒤에는 조선인 기술자들이 직접 만들었어. 이미 커다란 화포나 승자총통과 같은 화약 무기를 써 온 전통이 있었기에, 조총을 만드는 것은 어려운 일이 아니었지. 또 명나라 군대로부터 새로운 싸움 방법도 배웠어. 명나라 군사들은 조총이나 칼을 잘 쓰는 왜구와 싸운 경험이 많았거든. 조선은 훈련도감이라는 군사 기구를 만들어 새로운 방법에 따라 군사들을 훈련시켰어.

협상이 깨지자 일본이 다시 쳐들어올 것이라고 예상한 명나라에서 육군과 수군을 더 보냈어. 다시 침공한 일본군이 전라도 남원을 점령하고 북상했지만, 조선과 명나라 연합군은 충청도 직산에서 이를 크게 무찔렀어. 조선군이 새롭게 훈련받은 성과가 나타난 거야.

그런데 일본군의 침략이 다시 시작되었을 때, 이순신은 누명을 쓰고 감옥에 갇혀 있다 풀려났고 원균이 조선 수군을 지휘하고 있었어. 임진왜란 초기에 맹활약했던 이순신이 왜 감옥에 갇힌 걸까? 그건 이순신을 몰아내기 위한 일본군의 계략과 이를 믿었던 선조의 무모한 명령 때문이었어. 일본은 언제 일본군이 바다를 통해 부산으로 상륙할 것이라는 거짓 정보를 알려 주었어. 이를 믿은 선조는 한산도에 머물고 있는 이순신에게 부산 앞바다로 출동하여 일본군을 공격하라고 명령했지. 그러나 이순신은 적이 알려 준 정보를 그대로 믿는 것은 옳지 않고, 본부를 떠나 부산 앞바다로 섣불리 출동했다가 공격을 당할 수 있다는 이유로 반대했어. 이에 화가 난 선조가 이순신을 쫓아내고 대신 원균에게 조선 수군을 지휘하게 한 거야.

원균은 왕의 명에 따라 조선 수군을 이끌고 부산으로 출동하다가 거제도 부근 칠천량이라는 곳에서 일본군의 공격을 받아 전멸당하고 말았어. 이제 일본군이 남해안을 돌아 서해안을 따라 한양까지 올 수 있는 상황이 되었

어. 하지만 다시 조선 수군을 지휘하게 된 이순신이 명량 해전에서 일본 수군을 격파하여 해안을 따라 북상하려던 일본군의 계획을 무너뜨렸어. 이순신은 칠천량에서 살아남은 군사들과 배를 모아서 열 배가 넘는 일본 함대와 맞서 싸워 이긴 거야.

 육지와 바다에서 모두 패한 일본군은 다시 남해안 일대로 물러났고, 전쟁을 일으킨 도요토미 히데요시가 죽자 일본으로 철수했어. 이순신은 조선에 쳐들어온 일본군이 마음대로 철수하는 것을 막기 위해 노량에서 큰 전투를 벌였어. 조선과 명나라 수군 함선과 일본 전함 수백 척이 뒤엉켜 싸워 일본의 전함 2백 척을 격침시키는 등 큰 전과를 올렸지만, 이순신은 전사하고 말았지. 이 마지막 전투 이후에 일본군은 조선에서 완전히 물러갔고 전쟁은 끝이 났어.

전쟁의 영향

 7년 동안의 전쟁이 끝나고 일본군이 물러갔지만 조선은 큰 피해를 입었어. 일본군은 가는 곳마다 무참한 학살을 저질렀고, 자기들의 전과를 자랑하기 위해 조선 사람들의 귀나 코를 베어서 본국에 보내기도 했어. 자기들이 조선 사람을 몇 명이나 죽였는지 확인하기 위해서 그랬다니 정말 기가 막히는 일이야. 이뿐 아니라 전쟁을 겪으면서 농사를 제대로 지을 수 없었기 때문에, 백성들은 굶주림에 시달렸고 전염병까지 돌아 많은 사람들이 죽었어. 토지 면적과 인구수를 기록한 장부들도 불에 타 버려서 백성들로부터 세금을 거두기 어려워 나라 살림도 엉망이 되었지. 또 소중한 문화재들이 많이 파괴되고 약탈당했어. 경복궁과 불국사, 종묘 등이 이때 불타 버렸고, 일부 문화재는 일본에 빼앗겼단다.

 명나라는 조선을 도와 자기 땅에 일본군이 쳐들어오는 것은 막아 냈지만 먼 곳에서 전쟁을 치르느라 많은 힘을 썼어. 이 때문에 나라가 약해져 만주에서 여진 세력이 커지는 것을 막지 못했고 결국 나라가 망하게 되지.

 일본은 전쟁에 동원되었던 수많은 병사들이 죽고 경제적인 손해도 컸어.

일본 교토에 있는 귀 무덤이야. 조선 사람들의 귀나 코를 베어 가서 묻어 놓은 곳이야.

일본 도자기의 아버지라고 불리는 이삼평의 기념비야. 이삼평은 임진왜란 때에 일본으로 끌려간 조선인 도자기 기술자였어.

그렇지만 조선에서 수만 명의 포로를 잡아가 인력 부족을 보충할 수 있었어. 그리고 약탈해 간 활자와 그림, 서적 등 문화재와 포로로 잡아간 많은 학자와 기술자들 덕분에 유학과 인쇄술, 도자기 등의 문화가 크게 발전할 수 있었지. 임진왜란에 관련된 세 나라, 조선과 명나라, 일본 중에서 일본이 가장 큰 이익을 보았던 거야.

사건탐구 - 신립 장군은 왜 벌판에서 일본군과 싸웠나요?

전쟁을 할 때는 보통 험한 산 위나 고개에서 적을 맞아 싸우는 게 유리하다고 해. 그런데 임진왜란 당시 신립 장군은 험한 산이나 성이 아니라 탄금대 부근 벌판에서 일본군을 맞아 싸웠어. 왜 그랬을까?

이건 조선군의 싸움 방법과 관련이 있어. 조선군은 원래 먼 거리에서 활을 쏘아 적군을 죽이거나 다치게 해서 전열을 흐트러뜨린 뒤에, 말을 탄 기병들이 돌격하여 창을 휘둘러 적을 물리치는 전법에 능했어. 이 때문에 험한 고개인 조령을 지키는 것보다는 벌판에서 싸우는 게 유리하다고 생각한 거야.

하지만 이때 일본군에게는 조총이라는 신무기가 있었어. 조선군은 일본군이 다가오기를 기다리고 있었지만, 일본군은 화살이 닿지 않는 먼 곳에서 조총을 쏘아 조선 병사들을 다치게 했어. 그리고 전열이 무너지자 달려들어 조선군을 죽였어. 조선군의 전법이 거꾸로 일본군에게 유리한 것이 되고 만 거야.

전투에서 패배하자 신립 장군은 강물에 뛰어들어 자결하고 말았어. 조선 군대의 최고 지휘관이 일본군에게 잡혀 포로가 되거나 죽음을 당했다는 소식이 알려지면, 다른 조선군의 사기가 떨어져 연달아 항복하게 되는 것을 막기 위해서였단다.

생각 넓히기

1 생각해 보기

임진왜란 때에 일본의 침략으로 나라가 위기에 처하자 의병들이 큰 활약을 했어. 곽재우, 고경명, 김천일 등이 의병을 일으켰지. 이들 의병장들은 어떤 마음으로 의병을 일으켰을지 생각해 보자. 또 의병장들을 따라 의병에 참가한 사람은 어떤 사람들이었는지도 생각해 보자.

나 곽재우는 이제부터 의병을 일으키겠다! 모두 나를 따르라!

2 활동해 보기

다음 그림은 임진왜란이 끝나고 난 뒤에 조선과 명나라, 일본의 관리가 임진왜란에 대해 한 말이야. 다음을 보고 임진왜란이 세 나라에 남긴 영향이 어떠했는지 써 보자.

7년 동안의 전쟁으로 국토는 황폐해지고, 많은 사람들이 죽거나 포로로 잡혀 갔어. 또 수많은 문화재들이 불타 버렸지.
조선

우리는 조선을 도와 우리 땅에 일본군이 쳐들어오는 것을 막아 냈어. 하지만 이 때문에 나라가 약해져 만주에서 여진족의 세력이 커지는 것을 막지 못했어.
명나라

전쟁에 동원되었던 수많은 병사들이 죽고 경제적인 손해도 컸어. 그렇지만 조선에서 많은 포로를 잡아 왔고, 그림이나 서적 등 여러 문화재를 빼앗아 왔지.
일본

8장 병자호란

여기는 한양과 남한산성을 이어 주는 삼전도라는 나루 근처야. 지금의 서울 송파구에 있었어.
그런데 한 사람이 높은 단 위에 있는 사람에게 절을 하고 있네.
저 사람은 누구인데 단 위에 있는 사람에게 절을 하는 걸까? 무슨 일이 있었던 걸까?

질문 있어요!

저기, 궁금한 게 있어요!

무엇이든 물어보세요!

에고, 이제 망했어요! 오랑캐에게 임금이 머리까지 숙였으니…!

그렇겠네요. 오랑캐라고 얕보던 여진족의 나라를 임금의 나라로 모셔야 하게 됐으니!

이제 어떻게 될까요? 나라가 유지되기는 할까요?

항복은 했지만 조선이 망하지는 않았어. 대신 명나라와 관계를 완전히 끊고 청나라를 섬겨야 했지. 하지만 야만족이라 여겼던 여진족이 세운 청나라를 임금의 나라로 모셔야 한다는 것은 조선 사람들에게 큰 충격이었어.

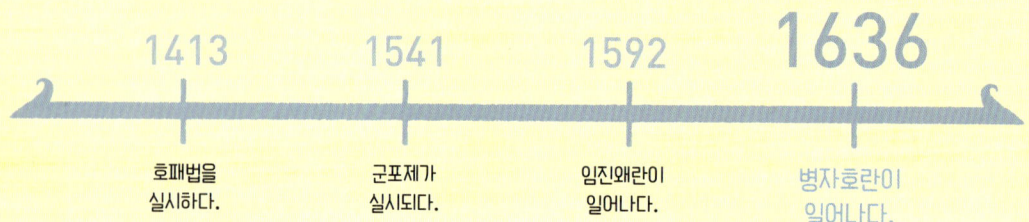

1413 호패법을 실시하다.

1541 군포제가 실시되다.

1592 임진왜란이 일어나다.

1636 병자호란이 일어나다.

명나라의 쇠퇴와 후금의 성장

임진왜란이 일어나 조선과 명나라가 일본과 싸우느라 힘을 쏟고 있는 동안 만주 지역에서는 여진족의 세력이 커지고 있었어. 예전부터 만주에 살고 있던 여진족은 고려 때 금나라를 세워 송나라를 양자강 이남으로 밀어낸 적도 있었어. 하지만 원나라에 정복된 뒤로는 오랫동안 나라를 세우지 못하고 있었지. 명나라는 건국 초부터 여진족을 달래기도 하고 힘으로 제압하기도 하면서 관계를 유지하고 있었어. 조선도 세종 때 한반도 북부 지역에 있던 여진족을 두만강과 압록강 북쪽으로 몰아낸 뒤에는, 교역을 허용해 주면서 좋은 관계를 유지하고 있었어. 그런데 임진왜란으로 조선과 명의 힘이 약해지자, 그 틈을 타 여진족이 힘을 키우게 된 거야.

여진족의 우두머리 누르하치는 흩어져 있던 부족들을 모아 나라를 세우고 이름을 '후금'이라고 했어. 예전에 큰 세력을 떨쳤던 금나라를 잇는다는 뜻이야. 여진족이 나라를 세우고 만주 지역에서 세력을 넓혀 가자, 명나라는 이를 공격하기로 하고 조선에 군사를 보내 도와줄 것을 요청했어. 임진왜란 때 명나라가 군대를 보내 조선을 지켜 주었으니까 조선도 명을 도와야 한다는 거였지.

내 이름은 누르하치! 30여 년에 걸쳐 흩어져 있던 여진족을 통일하여 후금을 세웠어.

조정의 신하들도 대부분 이에 찬성했어. 명으로부터 받은 은혜를 갚아야 한다고 생각한 거야. 하지만 당시 왕이었던 광해군은 생각이 달랐어. 명의 은혜도 중요하지만, 조선의 국력이 강하지 않은 상태에서 굳이 여진족과 싸움을 벌여 사이가 나빠질 필요는 없다고 생각했지.

광해군은 임진왜란으로 나라의 형편이 어려워져서 군대를 보내기 힘들다는 이유를 들어 군사를 보내지 않았어. 하지만 명의 거듭된 요구와 많은 신하들의 의견에 따라 1만 명의 군사를 보내기로 결정했어. 군사를 보내면서 광해군은 사령관 강홍립 장군에게 먼저 나서지 말라고 했어. 현지에서 상황을 보고 판단하여 조선군의 피해가 없도록 하라고 명령했지. 광해군은 명의 군사 요청에 따르면서도 후금과 사이가 나빠지지 않도록 하려 했던 거야. 명나라는 이미 많이 약해져 있었어. 후금을 정벌하기 위해 출정한 명나라 군대는 조선군의 도움을 받았지만, 후금군의 기습을 받아 큰 피해를 입었어. 조선군도 많은 군사가 다쳤지. 그러자 강홍립은 조선군의 피해를 줄이기 위해 후금군에게 항복했어. 당시 후금은 명과 조선 모두를 적으로 만들고 싶지 않았기 때문에, 조선과 명이 특별한 사이였다는 것을 인정하고 조선군의 항복을 받아 주었어.

> 강홍립은 조선군의 피해를 줄이기 위해 후금군에 항복했어.

그러던 중 조선에서 광해군이 쫓겨나는 사건이 일어났어. 광해군은 선조와 왕비 사이에서 태어난 아들이 아니라 선조의 후궁이 낳은 아들이었어. 선조와 왕비 인목 왕후 사이에는 영창 대군이 있었지. 임진왜란 중에 상황이 급박했기 때문에 광해군이 세자로 임명되고 나중에 임금까지 되었어. 하지만 영창 대군이 정식 왕비의 아들이므로 영창 대군을 왕으로 모셔야 한다고 생각하는 신하들도 있었어. 이에 위협을 느낀 광해군과 광해군을 따르는 세력은 인목 대비를 폐위시키고 영창 대군을 참혹하게 죽이고 말았지. 그러자 이귀, 김자점, 최명길 등이 이 일을 빌미로 광해군을 몰아내고 인조를 새 왕으로 추대한 거야. 이들은 명나라의 은혜를 갚지 않는다고 광해군에게 불만을 품고 있었거든. 이를 '인조반정'이라고 해. 새로 즉위한 인조는 앞으로 명나라와 더욱 친하게 지내겠다는 정책을 내세웠어. 그렇지만 후금과 관계가 바로 나빠지지는 않았어. 명나라와 대립하고 있던 후금이 조선과 충돌하기를 바라지 않았기 때문에 두 나라 사이에 평화가 유지된 거야.

정묘호란

김윤겸이라는 화가가 그린 <호병도>야. 호병, 그러니까 후금 병사들의 모습을 그린 거지. 후금 병사들의 생김새와 옷차림이 잘 나타나 있어.

평화가 이어지던 1627년, 후금의 군대가 조선에 쳐들어왔어. 이를 정묘호란이라고 해. 임진왜란이 '임진년에 왜와 벌인 전쟁'이라는 뜻이니까, 정묘호란은 '정묘년에 호와 벌인 전쟁'이라는 뜻이겠지? 그런데 후금을 왜 호라고 불렀을까? '호(胡)' 자는 오랑캐를 나타내는 글자인데, 조선에서는 후금을 세운 여진족을 오랑캐라고 얕잡아 보고 있었거든. 그래서 후금과 벌인 전쟁을 호란이라고 하는 거야.

그럼 후금은 왜 조선에 쳐들어왔을까? 이유는 여러 가지였어. 후금을 세운 누르하치가 명나라 군대와 싸우다 죽자 홍타이지가 그 뒤를 이었어. 그는 조선을 굴복시켜 떨어진 위신을 세우고, 명나라와 싸우는 데 필요한 물자도 확보하려 했던 거야. 또 이후에 조선이 명나라 편을 들지 못하도록 하려는 속셈도 있었지.

1627년 1월에 압록강을 건넌 후금군은 의주를 공격하여 함락시켰어. 끝까지 싸우다가 전사한 이완 장군은 임진왜란 때 활약한 이순신 장군의 조카였어. 후금군은 곧바로 청천강 남쪽의 안주를 공격했고, 남이흥 등 장수들은 성이 함락되자 화약고에 불을 질러 모두 스스로 죽고 말았어. 적에게 포로가 되지 않으려고 그런 거야. 안주가 함락되었다는 소식에 인조는 신하들과 함께 강화도로 피신하면서 세자를 전주로 보냈어. 남쪽 지역의 군사들을 이끌고 임진강에서 후금군을 막으라고 보냈던 거야.

그런데 안주를 함락하고 평산까지 진출한 후금군은 공격을 멈추고 조선에 강화를 제의했어. 당시 후금군은 숫자가 3만 명에 불과해서 조선 내륙 깊숙이 침투하기 어려웠어. 또 평안도 지역에 있는 산성에서 일어난 의병들이 후금군의 배후를 계속 위협했기 때문에 보급이 끊어질 가능성도 있었지. 이 때문에 후금은 조선의 항복을 받기 보다는, 빨리 강화를 맺고 교역을 위한 시장을 열어 물자를 확보하려 했던 거야.

조선도 인조반정 후 정권이 안정되지 않은 상황에서 갑자기 전쟁이 일어나 대비를 하지 못했어. 후금군이 강화를 원한다는 것을 알고는, 끝까지 싸우기보다는 빨리 강화 조약을 맺는 것이 좋겠다고 생각했어. 조약을 맺고 얼른 후금군을 철수시키는 것이 유리하다고 생각한 거지. 그래서 후금 쪽에 사절을 보내 강화 회담을 시작했어. 그 결과 후금과 조선은 형제의 나라가 되어 서로 침범하지 않기로 약속하고 전쟁을 끝냈어.

합의문

1. 후금과 조선은 형제의 나라가 되어 서로 침범하지 않는다.
2. 후금군은 즉시 철수한다.
3. 조선은 명나라와 관계를 단절하지 않아도 되지만, 명나라 연호를 사용하지 않는다.
4. 두만강 부근의 회령과 압록강의 난자도에 시장을 열어 서로 물자를 교환한다.

병자호란

정묘호란은 강화 조약으로 끝이 났지만 조선과 후금 모두 만족할 수 없었어. 후금은 조선을 완전히 굴복시키지 못했고, 원하는 물자를 충분히 확보하지 못해 불만이었어. 조선으로서는 예전에 오랑캐라 얕보던 여진족이 세운 나라와 형제 관계를 맺은 것이 자존심 상하는 일이었지.

후금은 계속 세력을 확장했고 이미 허약해진 명나라는 이를 막을 수 없었어. 요동 지역을 지키던 명의 장수들이 잇따라 후금에 항복하는 일이 벌어졌어. 이렇게 되자 기병 중심으로 평야에서만 싸우던 후금은, 항복한 명나라 장수들이 가져온 화포와 수군 함대까지 거느리게 되었지. 힘을 키운 후금은 나라 이름을 '청'으로 바꾸고, 조선에 형제 관계가 아니라 임금과 신하의 관계를 맺자고 요구했어. 명을 공격하기 전에 조선을 완전히 굴복시키려 한 거야. 청의 요구를 받아들일 수 없었던 조선이 이를 거부하자, 청은 다시 대규모 군사를 동원하여 조선에 쳐들어왔어.

야, 조선! 형제 관계는 안 되겠다! 이제 너희는 우리 신하 해라!

저기…, 그건 좀 곤란한데! 그냥 지금처럼 형제 관계로 지내면 안 될까?

오랑캐 놈들이 너무 무리한 요구를 하네!

1636년 12월 8일, 청 태종 홍타이지가 12만 명의 군사를 이끌고 직접 쳐들어왔어. 이를 병자호란이라고 해. 정묘호란 때의 군사 3만 명에 비해 그 수가 4배에 달했어. 청은 기병으로 구성된 선봉 부대를 먼저 한양으로 진격시켜 5일 만에 한양 근처에 도착했어. 조선의 왕을 포로로 잡아 항복을 받기 위해서였지.

청의 침략에 대비해서 조선은 의주에서 한양까지 오는 길에 있는 산성에 군사들을 집결시켰어. 의주나 평양 등 큰 도시는 지키기 어렵다고 생각했기 때문이야. 정묘호란 당시에 산성을 중심으로 활동했던 의병들이 배후에서 보급로를 공격하여 청나라 군대를 괴롭혔다고 했지? 그때처럼 산성에서 적을 막는 것이 좋겠다고 생각한 거야. 이렇게 평안도와 황해도에서 청나라 군대를 막고 있는 동안 인조와 조정의 신하들은 강화도로 피신하고, 남쪽 지방의 군사들이 올라와서 청군을 몰아낸다는 것이 조선의 작전이었어.

후금군의 침입 경로

그런데 청군은 조선군이 집결한 산성을 공격하지 않고 그대로 통과하여 한양으로 진격했어. 그리고 일부 군사들을 남겨 두어 조선군이 성 밖으로 나오는 것을 막았어. 성에서 싸우려 했던 조선군은 오히려 성에 갇히게 된 꼴이 되고 말았지. 청이 쳐들어왔을 때 조정에서는 왕비를 비롯한 왕실 가족들을 먼저 강화도로 피신시키고 인조도 뒤따르려 했어. 그러나 이미 청의 기병 부대가 한양 서쪽을 점령했기 때문에, 인조는 강화도로 가지 못하고 남한산성으로 피신할 수밖에 없었어.

청군은 남한산성을 포위했으나 지세가 험하여 공격하기 어려웠고, 여러 차례 싸움이 벌어졌지만 조선군은 잘 막아 냈어. 그렇지만 겨울철 날씨가 너무 추워 얼어 죽는 군사들이 생겨났어. 또 인조와 신하들, 한양의 많은 백성들이 성에 들어와 있었기 때문에 식량도 부족했지. 남한산성에는 군사 1만 2천 명이 먹을 수 있는 2개월 치의 식량밖에는 없었거든. 전국 각지에서 모여든 군사들이 남한산성 주위에 도착했지만, 대부분이 청군에게 패하여 성을 구하지 못했어.

시간이 흐르고 외부의 도움도 받을 수 없게 되자, 남한산성 안에서는 청군에게 항복할 것인지 끝까지 싸울 것인지를 두고 논란이 벌어졌어. 항복해야 한다고 하는 사람들은 더 이상 싸우는 것은 의미가 없고 백성들의 고통만 더하게 된다고 주장했어. 또 나라가 완전히 망하기 전에 항복해서 나라를 유지해야 한다는 입장이었지. 이에 비해 끝까지 싸워야 한다고 하는 사람들은 먼저 성을 나가 항복하면 청이 조선을 가볍게 볼 것이라고 주장했

남한산성은 북한산성과 함께 남과 북에서 한양을 지키던 곳이야. 병자호란 때 인조와 신하들은 백성들과 함께 이곳에서 청군에 맞서 싸웠어.

어. 아직 청군이 성을 함락시키지 못하고 있으니까 말이야. 또 청이 명을 공격하기 위해 필요한 물자와 군사들을 요구할 테니 버틸 수 있을 때까지 버텨야 한다고 생각했지. 양쪽의 입장이 팽팽하게 맞서 쉽게 결론이 나지 않았어.

이런 상황에서 먼저 강화도로 피신한 왕실 가족들이 청군에 잡혔다는 소식이 들려왔어. 강화도를 피난지로 정한 이유는 청군이 주로 육지에서만 활동하여 바다 싸움에 약하다고 생각했기 때문이야. 그런데 앞에서 이야기한 것처럼, 항복한 명나라 출신 장군들은 배를 만들 수도 있었고 해상 전투 경험도 많았어. 청군은 강화도 건너편 해안에서 배를 만들어 공격 준비를 갖춘 뒤에 대포를 쏘아 조선군에게 피해를 입혔어. 이어서 바다를 건너 강화도에 상륙했지. 조선군은 방심하고 있다가 쉽게 강화성을 내주고 말았던 거야.

남한산성에 고립된 인조를 비롯한 신하들과 백성들의 상황은 최악이었어. 게다가 청군이 강화도를 점령하여 포로로 잡은 왕실 가족들을 볼모로 항복을 요구하자, 인조와 신하들은 더 이상 버틸 수 없었지. 어쩔 수 없이 성을 나와 청에 항복하고 말았어. 앞(114~115쪽)에서 보았던 것

서울시 송파구에 있는 삼전도비야. 청나라 태종이 조선의 항복을 받고 이를 기념하여 세운 거야. 부끄러운 역사라고 해서 한때는 땅속에 묻혀 있기도 했단다.

병자호란 125

이 인조가 청 태종 앞에 무릎을 꿇고 절을 하며 항복하는 모습이야. 오늘날의 서울시 송파구에 있는 삼전도라고 하는 나루터 부근에서 항복 의식을 했기 때문에, 이를 '삼전도의 굴욕'이라고 부른단다.

병자호란 이후 조선은 명나라와 관계를 완전히 끊고 청나라를 임금의 나라로 모셔야 했어. 청은 조선이 복수하려는 생각을 하지 못하도록 압박하기 위해, 인조의 아들 소현 세자와 봉림 대군을 비롯한 많은 인질을 데려갔어. 이들은 명나라가 완전히 멸망한 후에야 돌아올 수 있었어.

호란의 결과와 영향

병자호란은 끝이 났지만 조선은 한동안 그 후유증에 시달려야 했어. 많은 백성들이 청군의 포로가 되어 끌려갔고, 매년 엄청난 액수의 금과 은, 식량과 옷감 등의 물자를 바쳐야 했어.

더 큰 문제는 정신적 피해였어. 병자호란이 벌어진 기간은 시작해서 끝날 때까지 2개월 정도밖에 되지 않았어. 강화 회담 기간이 있었다 해도 전체 전쟁 기간이 7년에 이르렀던 임진왜란에 비하면, 죽은 사람도 적고 경제적 피해도 큰 편이 아니었지. 그런데 임진왜란의 경우에는 마지막 노량 해전에서 크게 승리함으로써 전체 전쟁에 대해 조선이 이긴 전쟁이었다고 생각할 수 있었어. 하지만 병자호란은 군사적으로나 경제적으로 앞서 있다고 생각하던 여진족에게 항복하면서 전쟁이 끝났기 때문에, 조선 사람들의 자존심에 큰 상처를 입혔어. 특히 문화 수준이 높고 조선을 도와주었던 명나라와 관계를 끊고, 조선을 침략한 청나라를 섬겨야 한다는 것은 참기 어려운 수치였던 거야.

조선과 명나라의 관계를 보통 사대 관계라고 해. 사대 관계는 작은 나라가 큰 나라를 섬기는 것을 말하는 거야. 이 관계에서는 작은 나라가 큰 나라의 권위를 인정하는 것이 아주 중요해. 큰 나라는 단순히 군사력이 강한 것이 아니라 문화적으로도 수준이 높아서 본받을 만한 나라여야 하는 거지. 조선은 동아시아에서 가장 높은 수준의 문화를 가졌던 명나라를 본받으려 했어. 그래서 명과 사대 관계를 맺었고 두 나라는 오랫동안 사이가 좋았어. 또 임진왜란 때 명이 군대를 보내 도와주기도 했기 때문에 조선은 명에 대해 더욱 고마운 마음을 가졌지.

그렇지만 조선과 청이 맺은 사대 관계는 성격이 달랐어. 조선보다 문화적으로 뒤떨어진 청나라가 무력으로 쳐들어와 일방적으로 사대 관계를 맺었

청나라의 수도인 연경(베이징)에 조선 사절단이 방문한 모습을 그린 〈연행도〉야. 사절단이 청 황제의 행차를 맞이하는 장면이야. 전쟁에 패하면서 조선은 청에 조공을 바쳐야 했어.

기 때문이야. 그래서 조선 사람들이 이를 받아들이기 어려웠던 거야. 이 때문에 조선은 밖으로는 청에 대해 사대의 예의를 갖추었지만, 안으로는 복수하려는 정책을 추진하기도 했어. 명이 멸망한 후에는 야만적인 청에 비해 조선만이 높은 문화적 전통을 간직하고 있다고 생각했단다.

쟁점 토론

청과 계속 싸워야 했을까요? 항복해야 했을까요?

청나라의 침입을 받아 남한산성에 갇혀 있는 상황에서, 김상헌은 청과 끝까지 싸워야 한다고 주장했고 최명길은 청에 항복해야 한다고 주장했어. 이 둘은 서로 팽팽하게 맞섰지.

김상헌: 임진왜란 때 명나라가 우리 조선을 도와준 은혜를 생각하면, 명과 조선의 관계는 아버지와 아들의 관계와 같습니다. 지금 청에게 항복하는 것은 명을 배신하는 것입니다. 우리는 끝까지 싸워 조선의 자존심을 지키고, 명에 대한 의리를 지켜야 합니다.

VS

최명길: 조선은 태조 이성계가 직접 세우신 나라이며, 명이 땅을 떼어 주고 세우도록 한 나라가 아닙니다. 임진왜란 때 입은 은혜는 마땅히 생각해야 하지만, 무엇보다 중요한 것은 나라를 보존하는 것입니다. 임금께서는 수치스럽더라도 항복하시어 조선이라는 나라를 유지해야 합니다.

두 사람의 주장을 어떻게 생각해? 명나라에 대한 의리를 지켜야 한다는 주장과 창피하더라도 항복해서 나라를 지켜야 한다는 주장. 어느 쪽이 옳은 것 같아?

크흑~! 어렵네요. 하지만 일단은 나라를 살리는 것이 먼저일 것 같은데…!

생각 넓히기

1. 생각해 보기

임진왜란이 끝나고 힘이 약해진 명나라는 여진족이 나라를 세우고 만주 지역에서 세력을 넓혀 가자, 이를 공격하기 위해 조선에 군사를 보내 도와줄 것을 요청했어. 이때 조선의 왕은 광해군이었는데, 광해군과 신하들의 입장이 서로 달랐어. 나라면 어떤 입장을 지지할지, 또 그 이유는 무엇인지 생각해 보자.

> 임진왜란 때 명나라가 군대를 보내 조선을 지켜 주었으니, 조선도 명을 도와야 합니다. 명으로부터 받은 은혜를 갚아야 합니다.

> 명의 은혜도 중요하지만, 임진왜란의 영향으로 아직 국력도 약한데 괜히 여진족과 싸움을 벌여 사이가 나빠질 필요는 없지.

2. 활동해 보기

아래 왼쪽의 비석은 서울 송파구에 있는 삼전도비야. 청나라 태종이 조선의 항복을 받고 이를 기념해서 세운 비석이지. 삼전도비는 부끄러운 역사라고 해서 한때는 땅속에 묻혀 있기도 했어. 이 비석을 땅속에 묻어 버린 것에 대해 어떻게 생각하는지 자신의 생각을 써 보자.

9장 전쟁의 극복과 영토 확보

여기는 18세기 일본의 에도(지금의 도쿄)라는 도시야.
조선 사람 복장을 한 긴 행렬이 지나가고 있어. 많은 일본 사람들이 구경을 하고 있네.
무슨 일일까? 저 사람들은 누구이고, 왜 이런 행진을 하고 있는 걸까?

질문 있어요!

저기, 궁금한 게 있어요!

무엇이든 물어보세요!

후후, 우리들의 인기가 보통이 아니네요. 일본인들은 우리를 왜 이렇게 좋아할까요?

일본은 조선의 앞선 문물을 배우려고 조선 통신사를 보내 달라고 요청했어요. 그래서 극진히 대접하는 거예요.

예전에는 서로 전쟁을 했던 사이인데, 이젠 사이가 좋아지겠지요?

조선은 임진왜란 때 끌려간 포로를 돌려받고, 북쪽의 여진족을 견제하기 위해 일본과 다시 외교 관계를 맺었어. 일본은 조선의 앞선 문물을 배우기 위해서 외교 관계를 맺었지. 그 이후로 일정 기간 평화가 유지되었지만, 국제 정세가 바뀌면서 다시 마찰이 생기기도 했단다.

1575	1608	1725	1801
사림이 동인과 서인으로 갈라지다.	광해군, 대동법을 시행하기 시작하다.	영조, 탕평책을 실시하다.	공노비가 해방되다.

전쟁의 피해 극복

조선은 임진왜란과 병자호란을 겪으면서 큰 피해를 입었어. 많은 사람들이 죽거나 다쳤고, 일본과 청에 포로로 끌려갔어. 또 전염병이 돌아 사람들이 많이 죽었어. 농사지을 사람도 부족했고 농사지을 토지도 황폐해졌지. 오랫동안 농사를 짓지 못해 식량이 부족해졌고 생활은 더욱 어려워졌어. 백성들만 살기 어려워진 것은 아니야. 나라 살림도 힘들어졌어. 농사를 제대로 짓지 못한 농민들이 세금을 내지 못하고, 토지와 호적 대장도 불타 버려 세금을 제대로 거둘 수 없었기 때문이야. 뿐만 아니라 많은 문화재가 불타 버리거나 약탈당했어.

이런 어려움을 조선은 어떻게 극복했을까?

먼저 임진왜란의 피해를 극복한 과정부터 살펴보자.

선조의 뒤를 이어 임금이 된 광해군은 백성들의 삶을 안정시키고 나라의 수입을 늘리기 위해 토지와 인구 조사를 실시했어. 토지를 다시 측량하여 토지 대장을 만들었으며 인구도 정확히 조사했어. 나라의 수입을 늘리려면 세금을 제대로 거둬야 하니까, 세금을 매길 토지와 군역을 담당할 사람을 파악하기 위해서였지.

또 백성들의 세금 부담을 줄여 주기 위해 대동법을 실시했어. 조선 시대에 지방에서 나는 특산물을 나라에 바치는 공납이라는 제도가 있었다는 것 기억하지? 지방 관리와 상인들이 모의해서 공물을 대신 납부하고 막대한

비용을 농민들에게 거두었잖아. 그래서 농민들이 더 살기 어려워졌지. 대동법은 이 문제를 해결하기 위해 공물 대신 쌀을 세금으로 내도록 한 거야. 지역 사정에 따라 쌀 대신 베나 돈으로 낼 수도 있었어. 나라에서는 이 세금을 받아 필요한 물품을 구입하도록 했어. 이때 거두는 쌀을 대동미라고 해. 공물은 집집마다 부과되었지만 대동미는 토지에 직접 부과되었기 때문에, 토지가 없거나 적었던 농민들의 부담이 많이 줄어들었지. 광해군은 우선 대동법을 경기도부터 시행하도록 했어. 하지만 대동법이 전국적으로 확대되기까지는 100년이란 시간이 걸렸어. 땅을 많이 가지고 있어서 세금이 늘어나게 된 지주들이 강하게 반대했기 때문이야.

농민들도 황폐해진 농토에서 수확을 늘리기 위해 노력했어. 농사짓는 방법을 개량해서 모내기를 이용하여 농사를 지었고, 농토를 늘리기 위해 개간지를 확대하는 등 생산량을 늘리려 애를 썼지. 이러한 노력의 결과로 농업 생산력이 상당히 회복되었어.

광해군은 《동의보감》이라는 의학 책도 널리 보급하도록 했어. 허준이라는 유명한 의원이 지은 《동의보감》에는 주변에서 쉽게 구할 수 있는 약재 몇 가지만 이용해서 병을 고칠 수 있는 방법이 적혀 있었거든. 중국에서 들여오는 고급 약재를 복잡한 방식으로 섞어 제조한 약이 아니라, 흔히 볼 수 있는 재료를 간단히 달여서 치료할 수 있는 방법을 알려 준 거야. 나라에서는 《동의보감》을 인쇄해서 널리 나눠 주도록

> 《동의보감》은 우리나라뿐만 아니라 일본과 중국에서도 출간되었고, 유네스코 기록 유산으로 등재되었어.

> 나 허준이 지은 《동의보감》이야.

했어. 전쟁이 끝나고 굶주림과 전염병 때문에 고통을 겪는 백성들에게 도움을 주기 위해서였지. 이 책은 우리나라뿐만 아니라 일본과 중국에도 전해져 많은 영향을 주었고, 동양 최고의 의학서로 인정받게 된단다.

전쟁의 피해를 극복하기 위한 노력과 함께 일본과 다시 국교도 맺었어. 일본이 먼저 평화 관계를 맺자고 요청해 왔지. 일본에서는 전쟁을 일으킨 도요토미 가문이 몰락하고 도쿠가와 이에야스가 권력을 잡았어. 도쿠가와는 나라를 안정시키고 조선과 명나라의 발달한 문물을 수입하기 위해 국교를 맺자고 요청한 거야.

조선은 전쟁을 일으킨 일본이 미웠지만, 전쟁 중에 끌려간 포로를 돌려받고 다시 전쟁이 일어나지 않도록 하기 위해 일본의 요청을 받아들였어. 조선은 스님인 사명당 유정을 보내 일본과 국교를 맺고 포로를 데려오도록 했어. 하지만 모든 포로를 다 데려오지는 못했고, 많은 조선인들이 일본에 남게 되었지. 그중 일부는 동남아시아나 유럽에까지 노예로 팔려 갔단다.

조선 통신사 일행이 탄 배가 달리는 모습이야. 통신사 일행은 화려하게 장식한 일본 배로 갈아타고 목적지까지 갔어. 일본에서 그린 그림이야.

조선이 일본과 국교를 회복한 것은 북방의 여진족에 대응하기 위한 것이기도 했어. 임진왜란 때 조선과 명이 일본과 싸우는 사이에 여진족은 만주에서 힘을 키우고 있었거든. 이에 대응하기 위해 남쪽의 일본과는 평화 관계를 유지하려 했던 거야.

국교 회복 이후에 조선은 일본에 통신사라는 사절을 파견했어. 통신사는 정기적으로 간 것은 아니고, 일본의 실질적 지배자인 바쿠후의 쇼군이 바뀔 때 축하 사절의 명목으로 모두 12차례 파견되었어. 조선이 문화적으로 많은 것을 배우려 했던 명나라에 매년 세 차례 이상 정기적으로 사절을 보냈던 것과 비교하면 큰 차이가 있지? 그것은 조선이 일본의 문물을 배우려 한 것이 아니라, 일본이 조선의 문화와 예술을 배우기 위해 통신사를 보내 달라고 요청했기 때문이야. 통신사 일행에는 학자는 물론 서예가나 화가, 곡예사도 포함되었어. 당시 조선을 대표하는 문화 사절이었던 셈이지. 앞 (130~131쪽)에서 보았던 것이 18세기에 일본에 파견된 조선 통신사가 에도 거리를 행진하는 모습이야. 국교 회복 이후에 시작된 통신사의 파견이 18세기에도 계속되었던 거야. 통신사가 한 번 가면 일본은 이를 대접하기 위해 막대한 비용을 들여야 했어. 하지만 그만큼 새로운 조선의 문화를 받아들일 수 있는 기회가 되었단다.

북벌을 위한 노력

임진왜란의 피해를 극복하려는 노력이 결실을 맺기도 전에 병자호란이 일어나 조선은 다시 큰 피해를 입었어. 죽거나 다친 사람도 많았고 또 많은 사람들이 청군의 포로가 되어 끌려갔지. 문화적 후진국으로 여겼던 청에 패배한 조선은 자존심에도 큰 상처를 입었어. 조선을 굴복시킨 청은 조선이 다시 저항하지 못하게 자주 사신을 보내 감시하고 막대한 공물을 바치도록 했어. 또 압록강과 두만강 부근에 사는 여진족들이 필요한 물품을 얻을 수 있게 국경 부근에 정기적으로 시장을 열어 물품을 교환하도록 했지. 그들의 위세가 컸기 때문에 억지로 싼 값에 조선의 특산물을 넘겨주어야만 했어.

이같이 호란으로 인한 정신적, 경제적 피해가 컸기 때문에 조선에서는 청에 복수해야 한다는 생각을 가진 사람들이 많았어. 청에 인질로 끌려갔던 소현 세자와 봉림 대군이 돌아왔는데, 소현 세자가 갑작스레 죽었기 때문에 봉림 대군이 인조의 뒤를 이어 효종이 되었지. 효종은 먼저 국가의 재정 수입을 늘리고 백성들의 생활을 안정시키기 위해, 광해군 때 시작한 대동법을 충청도와 전라도 지역까지 확대해서 실시했어.

또 효종은 청에 맞서기 위해 북벌 정책을 추진했어. 북벌 정책이란 조선의 북쪽에 있는 청과 싸운다는 뜻이야. 북벌의 명분을 세우기 위해 청과 친밀한 관계를 맺고 있던 김자점 등을 몰아내고 송시열을 등용했어. 이완 장군을 어영대장으로 삼아 군사 훈련을 시키면서 무기도 개량하려고 했지. 일본으로 가려다가 제주도 부근에서 배가 난파되어 표류한 네덜란드인 하멜을 돌려보내지 않고, 서양식 조총과 화포를 만들도록 시키기도 했어.

하지만 이런 노력에도 불구하고 북벌은 이루어지지 못했어. 청의 세력이

계속 커져 조선의 군사력으로는 청을 정벌할 수 없었던 거야. 오히려 청이 러시아와 충돌했을 때, 그들의 요구에 따라 수백 명의 조총 부대를 보내 청군과 함께 러시아군과 싸운 일도 있었지. 효종이 죽은 후에는 북벌을 추진하는 것이 더 어려워졌어.

한편 청은 18세기에 들어서면서 최고의 전성기를 누렸어. 야만족 취급을 받던 청이 어떻게 그럴 수 있었을까? 그것은 청나라의 정책과 관련이 있어. 청은 끝까지 저항하는 세력은 힘으로 제압했지만, 대부분의 지방 세력들이 권위를 유지할 수 있게 해 주었어. 또 백성들의 세금을 줄여 주어 농민들의 생활도 안정되었지. 발전된 명나라 문물을 계승하면서 서양의 문물도 폭넓게 받아들여 서양의 과학 기술에 관련된 서적들이 많이 출판되었어. 이렇게 해서 청은 18세기에 중국 역사상 가장 넓은 영토를 가지게 되었고, 문화적으로나 경제적으로 전성기를 누리게 된 거야.

병자호란 이후 오랫동안 평화가 유지되고 조선과 청의 교류가 계속 진행되면서, 조선도 청의 새로운 모습을 자주 접하게 되었어. 그러면서 점차 청의 문화적 우수성을 인정하게 되었지. 그렇다고 조선을 무력으로 침략한 청에 대한 적개심이 완전히 없어진 것은 아니야. 하지만 이러한 의식의 변화가 바탕이 되어 청에 복수하기보다는 청의 발전된 문물을 배우자는 북학 사상이 나타나게 되었어.

영토 확보 노력

병자호란 이후 청은 수도를 북경으로 옮겼어. 그리고 나서는 만주 지역에 한족이나 조선 사람들이 들어와 살지 못하도록 막았어. 여진족인 자신들의 근거지였던 만주 지역을 보호하려 했던 거야. 그런데 압록강과 두만강의 상류인 백두산 부근 지역은 조선 사람들이 자주 가는 곳이었어. 이곳은 인삼이 많이 나고 사냥하기에도 좋은 곳이었거든. 조선과 청의 주민들이 서로 만나 몰래 거래하거나 다투는 것을 막기 위해, 조선에서는 함경도나 평안도 주민들이 두만강이나 압록강을 건너가지 못하도록 했지만 완전히 막을 수는 없었어. 인삼을 캐러 온 청나라 사람들과 조선 사람들 사이에, 서로 물건을 빼앗거나 죽이는 등의 충돌이 자주 일어났지.

백두산 정계비의 옛 모습이야. 정계비는 지금은 사라지고 없어.

그러자 청 황제는 사신을 보내 조선과 협의하여 국경을 확실히 정하도록 했어. 조선과 청은 압록강과 두만강 상류 지역의 지형을 조사하고 나서 백두산에 정계비를 세웠어. 정계비란 '국경선을 정하기 위해 세운 비석'을 말하는 거야. 예전부터 조선과 중국의 경계는 압록강과 백두산, 두만강이라고 알고 있었지만 이를 명확하게 다시 정해 놓은 거지. 청과 국경을 확정하면서 충돌이 없어지자 압록강과 두만강, 백두산 부근에 사는 사람들이 늘어났고 농토도 확장되었어. 이에 나라에서도 새로 마을을 두어 주민들을 보호하고 개발을 지원했어.

함경도와 평안도는 물론이고 압록강과 두만강 넘어 만주 지역은 원래 고구려와 발해의 영토였어. 백두산에 정계비를 세우고 북방 지역이 개발되면서 이 지역에 대한 관심도 자연스럽게 높아졌어. 그리고 역사적으로 우리 땅이었던 곳을 다시 찾아야 한다는 생각을 가진 사람도 늘어났지. 백두산에 정계비를 세워 국경을 정한 것은, 우리 땅을 확실히 했을 뿐 아니라 더 넓혀야 한다는 생각의 계기가 되었던 거야.

 육지에서뿐만 아니라 바다에서도 영토 확보의 노력은 계속되었어. 동해에 있는 울릉도와 독도는 삼국 시대 이래 우리나라의 영토였어. 그런데 오가는 뱃길이 험하고 살기 힘든 곳이라 조선 시대에는 가급적 사람이 가서 살지 않도록 했지. 그러자 일본 어민들이 이곳에 자주 드나들면서 고기잡이도 하고 움막을 짓기도 했어. 이렇게 해서 조선 어민과 일본 어민 사이에 종종 충돌이 일어났어.

 동래 사람인 안용복은 울릉도에 고기를 잡으러 갔다가 일본 어민들이 있는 것을 보고 쫓아 버렸어. 그리고 직접 일본에 가서 일본 관리와 담판을 벌여 울릉도와 독도가 조선의 영토라는 확인서를 받아 왔지. 이 일로 일본은 자기 나라 백성들에게 울릉도와 독도에 가서 고기잡이를 하지 못하도록 했어. 안용복의 활약을 계기로 조선에서는 울릉도와 독도에 관리를 보내 사정

부산에 있는 안용복의 동상이야. 안용복은 일본에 가서 독도가 조선의 영토라는 것을 확인받았어.

을 조사하고 계속 관리하도록 했어. 이처럼 꾸준히 영토를 지키기 위한 노력이 있었기 때문에, 오늘날 우리는 독도를 우리 땅으로 가지고 있을 수 있는 거란다.

간도 문제는 어떻게 생기게 되었나요?

조선 숙종 때인 1712년에 조선과 청나라는 국경선을 확정하기 위해 백두산 정계비를 세웠어. 백두산 정계비에는 서쪽으로는 압록강, 동쪽으로는 토문강을 두 나라의 경계선으로 정한다고 새겨져 있어. 여기서 토문강은 두만강을 가리키는 거야.

처음에 정계비를 세울 때에는 조선이나 청 모두 토문강과 두만강이 같은 강이라고 생각했어. 그런데 정계비를 세울 때 참여한 청나라 관리가 토문강의 발원지를 잘못 정하면서 문제가 생겼어. 그가 토문강의 발원지라고 정한 곳에서 나온 강줄기가 두만강으로 들어가는 것이 아니라, 두만강 북쪽의 또 다른 토문강으로 들어갔던 거야.

이 때문에 나중에 조선은 토문강은 두만강이 아니니까, 두만강 이북에서 토문강에 이르는 땅도 조선의 영토라고 주장했어. 반면에 청은 토문강은 두만강을 가리키는 것이며 조선과 청의 경계는 두만강이라고 주장하면서, 두 나라 사이에 다툼이 벌어졌지. 이게 바로 간도 문제가 생긴 이유야. 두만강 북쪽에 이주해서 살고 있던 조선 사람들은 이 땅을 간도라고 불렀거든.

그 후에도 조선과 청은 간도 지역을 서로 자기 영토라고 주장하면서 회담을 열었지만 해결하지 못했어. 그런데 을사조약으로 대한 제국의 외교권을 빼앗은 일본이, 청으로부터 다른 이권을 받는 대신 청의 간도 지역 영유권을 인정하는 간도 협약을 맺으면서 청의 주장대로 국경이 정해지고 말았어.

생각 넓히기

1 ✦✦✦ 생각해 보기

임진왜란이 끝난 뒤에 광해군은 대동법을 실시했어. 대동법은 백성들이 나라에 내던 특산물 대신에 쌀을 세금으로 내는 제도야. 지역 사정에 따라 쌀 대신 베나 돈으로 낼 수도 있었지. 대동법은 광해군 때 경기도에서 실시하기 시작하여 약 100년 뒤인 숙종 때 전국으로 확대되었어. 광해군이 대동법을 실시하기 시작한 이유가 무엇인지 생각해 보자.

---

2 활동해 보기

임진왜란이 끝난 뒤 조선은 일본과 다시 국교를 맺었어. 그리고 국교 회복 이후에 일본에 통신사를 보냈어. 다음 그림은 일본에 간 조선 통신사의 모습을 그린 그림이야. 그런데 조선과 일본 사람들은 각각 아래와 같은 의문을 가졌어. 그들의 의문에 대한 답을 써 보자.

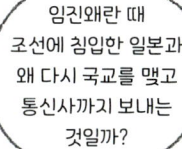
"임진왜란 때 조선에 침입한 일본과 왜 다시 국교를 맺고 통신사까지 보내는 것일까?"

조선

"조선 통신사가 오는 비용을 우리가 다 대야 한다는데, 조선 통신사를 일본으로 부른 이유는 무엇일까?"

일본

10장 당쟁의 격화

여기는 한양에서 지방으로 내려가는 길목이야. 웬 사람들 무리가 걸어가고 있어. 자세히 보니 유배를 가는 것 같아. 소가 끄는 수레에 갇힌 채 끌려가는 사람도 있고, 걸어서 끌려가는 사람도 있어. 무슨 일이 있었기에 저 많은 사람들이 유배를 가는 걸까?

질문 있어요!

저기, 궁금한 게 있어요!

무엇이든 물어보세요!

이번에는 서인들이 된서리를 맞았네요. 임금님은 왜 이렇게 자꾸 신하들을 갈아 치우는 걸까요?

어느 한쪽의 세력이 커지는 걸 막으려고 그러는 거예요. 왕의 말을 거역하지 못하게 하려는 거지요.

그런다고 왕의 말을 잘 들을까요? 자기들끼리 더욱 뭉치는 것 같은데.

신하들의 권력이 커지는 것을 막으려는 숙종의 뜻은 제대로 이루어지지 않았어. 신하들은 왕의 말을 듣기보다는 자기들의 힘을 키우려고 했어. 이에 따라 오히려 왕의 권위까지 떨어지고 말았단다.

1575	1608	1725	1801
사림이 동인과 서인으로 갈라지다.	광해군, 대동법을 시행하기 시작하다.	영조, 탕평책을 실시하다.	공노비가 해방되다.

붕당 정치의 시작

혹시 붕당이라는 말 들어 봤니? 붕당이란 '정치에 대한 생각과 학문의 방향이 같은 사람들의 모임'을 뜻하는 말이야. 이런 붕당이 생겨나고 붕당끼리 서로 편을 갈라 경쟁하는 것을 당파 싸움, 즉 당쟁이라고 해. 조선 시대에는 당쟁이 많이 벌어졌어. 그럼 당쟁이 언제부터, 왜 생겼는지 알아볼까?

붕당이 처음 생긴 것은 임진왜란이 일어나기 전이었어. 앞에서 훈구 세력과 사림이 서로 권력을 잡기 위해 경쟁하면서 여러 차례 사화가 일어났던 것 기억하지? 사림이 많은 피해를 입었지만 결국에는 지방을 중심으로 다시 세력을 키웠다고 했잖아. 선조가 왕이 된 후에 사림들의 정치 진출이 활발해졌어. 사화로 타격을 입었지만 지방에서 서원을 중심으로 힘을 키웠던 사림들이 다시 권력을 잡게 된 거야. 사림들이 정권을 잡았지만 조정에는 아직 외척이나 훈구 세력들이 남아 있었어. 외척이나 훈구 세력과 가까운 사람들도 있었지. 이런 사람들을 어떻게 대할 것인가를 놓고 사림들 사이에서 의견이 갈라졌어. 한쪽은 외척이나 훈구 세력을 조정에서 완전히 몰아내야 한다고 주장했어. 반면에 다른 한쪽은 외척이나 훈구 세력이라 하더라도, 사림들과 생각이 같다면 인정할 수 있다고 했지. 외척과 훈구 세력을 완전히 몰아내야 한다는 쪽을 동인, 그들도 인정해야 한다는 쪽을 서인이라고 해. 이렇게 해서 정치적 의견을 같이 하는 모임인 동인과 서인이라는 붕당이 처음 생겨났어.

그럼 왜 붕당에 동인과 서인이라는 이름이 붙었을까? 선조 때 사림 중에 김효원과 심의겸이라는 사람이 있었어. 김효원은 인품이 뛰어난 인물로 곧 이조 전랑이라는 중요한 직책에 오를 것으로 기대되었어. 그런데 심의겸이 이에 반대했어. 심의겸은 비록 외척이었지만 행동거지가 반듯하고 공정하여 많은 사람들이 따랐지. 심의겸은 김효원이 젊었을 때에 외척인 윤원형의 집에 드나드는 등 권세가들에게 잘 보이려고 했기 때문에, 이조 전랑이 되어서는 안 된다고 반대했어. 이 때문에 김효원은 바로 이조 전랑이 되지 못하고 한참이 지나서야 될 수 있었어.

그런데 김효원이 이조 전랑을 그만둘 때 그 후임으로 가장 유력했던 인물이 심의겸의 동생 심충겸이었어. 하지만 김효원은 다른 사람을 자기 후임으로 추천했어. 심충겸은 외척이므로 이조 전랑이라는 중요한 자리에는 적합하지 않다는 것이었지. 이에 대해 김효원의 입장을 두둔하는 사람들도 있었고, 반대로 김효원이 예전에 있었던 일 때문에 심의겸을 원망하는 마

음으로 보복하는 것이라고 생각하는 사람들도 있었어. 김효원이 옳다고 생각하는 사람들을 동인이라 하고 옳지 않다고 생각하는 사람들을 서인이라 했는데, 이는 김효원이 한양의 동쪽에 살았고 심의겸이 서쪽에 살았기 때문에 붙여진 이름이란다.

동인들 중에는 이황이나 조식의 제자가 많았어. 이들은 원칙을 중시하고 의리와 명분을 강조하는 사람들이었어. 그렇기 때문에 왕실의 외척 등 과거 훈구 세력과 조금이라도 관계가 있는 사람들은 조정에서 몰아내야 한다고 생각했지. 이에 비해 서인들은 이이와 성혼의 제자들이 중심이 되어 당파를 이루었어. 이들은 사림과 정치적으로 같은 생각을 가진 사람이라면 외척이라는 이유로 무조건 배척해서는 안 된다고 생각했어. 외척이나 훈구 세력이라도 꼭 필요한 인재는 골라 써야 한다는 거야. 이들은 백성들의 생활 안정을 위한 실질적인 제도 개혁을 보다 중요하게 여겼어.

이처럼 동인과 서인은 정치적 입장에서 차이가 있었지만 처음부터 크게 충돌하지는 않았어. 그런데 1589년에 동인에 속하는 정여립이라는 인물이 선조를 폐위하고 급진적인 개혁을 실시해야 한다고 주장하면서 난을 일으켰다가 실패한 일이 있었어. 이 사건의 처리를 담당한 서인의 우두머리 정철이 동인 사람들을 가혹하게 처벌했기 때문에, 억울하게 연루되어 죽은 사람들이 많았지.

얼마 지나지 않아 이번에는 정철이 선조에게 빨리 후계자를 정해야 한다고 건의했다가 노여움을 사 처벌받는 일이 생겼어. 선조에게는 왕비가 낳은 아들이 없고 임해군과 광해군 등 후궁이 낳은 아들밖에 없었는데, 정철은 선조의 나이가 많으니 그중 한 사람을 빨리 세자로 정하자고 건의한 거야. 건의를 들은 선조는 서인들이 후계자를 빌미로 자신들의 세력을 키우려 하

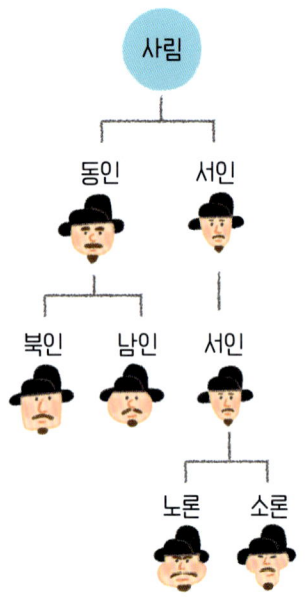

는 것이라 생각하고, 서인들을 조정에서 몰아내려 했어. 이 일로 동인들이 정권을 잡았는데, 내부에서 의견 차이가 생기면서 북인과 남인으로 나누어졌어. 북인들은 정철을 비롯한 서인들을 엄벌에 처하고 조정에서 완전히 몰아내야 한다고 주장한 반면에, 남인들은 서인들도 원래는 같은 사림이었으므로 모두 배척하지 말고 처벌을 약하게 해야 한다고 주장했지. 북인과 남인이라는 이름도 붕당의 우두머리들이 살았던 집의 위치에 따라 붙여진 거란다.

치열해지는 당쟁

임진왜란이 일어났을 때 북인들은 광해군을 도와 왜군과 맞서 싸웠어. 의병 지도자 중에도 북인에 속하는 사람이 많았지. 그래서 광해군이 선조의 뒤를 이어 왕이 되자 북인들이 조정의 핵심 세력이 되었어. 하지만 곧 상황이 변하고 말았어. 인조반정이 일어나 광해군이 쫓겨난 거야. 광해군이 인목 대비를 폐위시키고 영창 대군을 죽인 일을 빌미로, 서인과 남인이 함께 일어나 광해군을 쫓아내고 새로 인조를 왕으로 모셨어. 이때 정권을 장악하고 있던 북인들이 대부분 처형당했고, 이후 북인이라는 붕당은 이름만 남고 정치 세력으로서는 완전히 힘을 잃고 말았어.

인조반정으로 정권을 잡은 서인과 남인들은 정치적 입장에는 차이가 있었지만 함께 나라를 이끌었어. 병자호란을 겪은 후에 나라 살림을 넉넉하게 하고 백성들에게 혜택이 돌아가도록 하기 위해, 대동법을 본격적으로 실시하고 토지 제도와 조세 제도도 고쳤어. 이런 노력은 병자호란 이후의 사회를 안정시키는 데 도움이 되었지.

경기도 남양주에 있는 광해군과 그 부인의 묘지야. 왕위에서 쫓겨났기 때문에, 군이란 이름으로 불리고 무덤도 간소하게 되어 있어.

그러다가 효종의 뒤를 이은 현종 때에 왕실의 의례 문제를 두고 서인과 남인이 대립하는 일이 생겼어. 현종의 아버지인 효종은 인조의 둘째 아들이야. 맏아들인 소현 세자가 왕이 되기 전에 죽었기 때문에 형의 자리를 이어 왕이 되었지. 형제간의 순서로 따지자면 둘째이지만, 나라의 임금이라는 지위를 생각하면 가장 높은 사람인 거야. 효종이 죽었을 때 인조의 부인이자 효종의 계모인 자의 대비가 효종을 위해 상복을 1년 동안 입어야 하는가, 아니면 3년 동안 입어야 하는가 하는 문제가 생겼어. 서인들은 1년을, 남인들은 3년을 주장했어. 서인들은 왕이라도 집안 서열로는 둘째이니 특별히 따로 높여서 대우할 필요가 없다는 입장이었어. 왕이나 보통 사람이나 집안의 지위에 따라 예법을 적용해야 한다는 거야. 이에 비해 남인들은 국왕으로서의 권위를 인정해야 한다고 주장했어. 왕에게 적용되는 예법의 기준은 보통 사람들과는 달라야 한다는 거였지. 이때 현종이 서인들의 주장을 받아들여 자의 대비는 1년 동안 상복을 입었어.

10여 년이 지난 후 이번에는 효종의 부인이 세상을 떠났어. 그러자 자의 대비가 효종의 부인을 위해 얼마 동안 상복을 입어야 하는가 하는 문제가 다시 생겼어. 서인들은 9개월, 남인들은 1년을 주장했지. 서인들은 효종의

부인은 둘째 며느리라는 점을 내세웠고, 남인들은 국왕의 부인이었다는 지위를 중시한 거야. 이번에는 현종이 효종 때와는 달리 적극적으로 남인들의 편을 들었어. 그 이유는 뭘까? 당시의 왕이었던 현종이 보기에, 자기 아버지 효종이 둘째 아들이라고 해서 격식을 낮추는 것이 마음에 들지 않았어. 처음에는 서인들의 주장을 받아들였지만, 나중에는 이를 못마땅하게 여겨 남인들의 주장을 따랐던 거야. 이렇게 해서 서인들이 물러나고 남인들이 권력을 잡게 되었어.

이 사건을 왕실의 예법에 대한 논쟁이라고 해서 '예송 논쟁'이라고 불러. 얼핏 보기에는 죽은 사람을 위해 얼마 동안 상복을 입어야 하는가 하는 문제가 뭐 그리 중요하냐고 할 수 있어. 하지만 당시 서인이나 남인의 입장에서는 나라의 정치 체제가 신하들의 의견을 충분히 받아들이는 체제로 가느냐, 아니면 국왕 중심의 체제로 가느냐 하는 문제가 달린 중요한 논쟁이었어. 마치 오늘날 민주주의 정치 체제를 가지고 있는 나라들에서 대통령 중심제나 내각 책임제냐를 두고 논쟁하는 것과 비슷하다고 할 수 있지.

환국의 시대

현종이 죽고 숙종이 즉위했을 때에는 남인들이 정권을 잡고 있었어. 그런데 이들의 힘이 너무 커지자 숙종은 갑자기 남인들을 모두 쫓아내고 서인들에게 정권을 맡겼지. 이렇게 조정을 이끄는 인물들을 하루아침에 바꾸는 것을 환국이라고 해. 숙종은 남인들을 몰아내면서 남인들이 국왕의 권위를 무시했기 때문이라고 했어. 남인 우두머리 허적의 집안에 경사가 있어 잔치를 벌일 때에 궁중에서 사용하는 물품을 함부로 가져다 쓴 일이 있었거든. 그러나 이는 핑계일 뿐이야. 숙종은 남인의 힘이 커지자 이들을 몰아내려는 생각을 미리부터 하고 있었던 거야.

다시 정권을 잡은 서인들은 남인들을 처리하는 문제에 대한 입장 차이로 노론과 소론으로 나뉘어졌어. 송시열을 비롯하여 나이가 많고 경험이 많은 정치인들은 이번 기회에 남인들을 완전히 몰아내고 정권을 독차지하려고 했어. 이들을 노론이라 불러. 이에 비해 남인들도 인조반정을 같이 일으킨 정치적 동반자이므로, 완전히 몰아내서는 안 된다고 생각하는 사람들이 있었지. 여기에는 윤증 등 젊은 인사들이 많았기 때문에 소론이라 했어. 노론들은 허적을 비롯한 남인의 중요 인물들을 역적으로 몰아 처형했어.

하지만 서인들의 세상은 오래가지 않았어. 숙종은 후궁 장 희빈이 낳은 아들을 세자로 삼고 싶어 했는데 서인들은 이를 반대했어. 장 희빈은 남인과 관련이 있는 후궁이었기 때문에, 나중에 장 희빈의 아들이 왕이 되면 자신들이 불리해질까 봐 미리 막으려 한 거야. 그러자 숙종은 서인들을 몰아내고 다시 남인들을 등용했어. 정권을 잡은 남인들은 서인의 우두머리 송시열 등에게 보복을 가했어. 앞(144~145쪽)에서 보았던 것이 송시열을 비롯한 서인들이 유배지로 귀양을 가는 모습이야. 송시열은 제주도로 귀양을 갔다가 결국 사약을 받아 죽고 말았어.

남인들이 정권을 잡고 얼마 지나지 않아 숙종은 남인들을 몰아내고 다시 서인들을 등용했어. 그리고 인현 왕후가 병들어 죽은 것은 장 희빈의 저주 때문이라는 이유로 사약을 내려 장 희빈을 죽였지. 이때 관련된 남인들도 많이 죽임을 당했어. 그 이후로 남인들은 완전히 세력을 잃게 되었어.

이처럼 서인과 남인이 번갈아 집권하면서 상대를 가혹하게 대했기 때문에, 서인과 남인은 서로를 아주 미워하게 되었어. 인조반정을 같이 일으키고 대동법을 비롯한 여러 가지 개혁 정책을 추진할 때 함께 힘을 합쳤던 서인과 남인이 이제는 원수 관계가 되고 만 거야.

환국의 이유와 후계자 싸움

그러면 숙종은 왜 이렇게 자주 정치 세력을 바꾸었을까? 그것은 서인과 남인, 노론과 소론 등 여러 정치 세력들을 서로 대립시켜, 어느 한쪽이 오랫동안 힘을 갖는 것을 막으려고 했기 때문이야. 아무리 높은 지위에 있는 신하라도 조금만 왕의 마음에 들지 않거나 꼬투리를 잡히면 하루아침에 쫓겨나게 되니, 그렇게 되지 않으려고 임금에게 충성을 다하겠지? 숙종은 붕당에 속한 신하들이 국왕의 권위에 도전하지 않고 임금의 마음에 들기 위해 노력하기를 바랐던 거야.

그러나 결과는 숙종의 뜻대로 되지 않았어. 신하들은 예측할 수 없는 임금의 마음에 들기 위해 충성하지 않았어. 반대로 자기 당파의 세력을 강화하면서, 숙종 이후 왕이 될 가능성이 있는 왕자를 자기편으로 끌어들이려 노

력했지. 소론과 남인은 장 희빈의 아들인 세자(후에 경종)의 편에 섰어. 반면에 노론은 자신들이 장 희빈을 죽도록 했으므로 세자가 왕이 되면 보복당하지 않으려고, 숙종의 또 다른 아들인 연잉군(후에 영조)을 자기편으로 삼았어. 이제 붕당 사이의 대립은 정책 다툼이 아니라 후계자 싸움으로 변질되고 말았어. 숙종이 집권 붕당을 여러 번 바꾼 것은 국왕의 권위를 강하게 유지하기 위해서였는데, 결과적으로는 국왕의 권위마저 떨어뜨리고 만 거야.

이렇게 당파가 나뉘어져 서로 다투고 심지어 상대 세력을 역적으로 몰아 완전히 쫓아내려고 한 모습을 보면, 붕당 정치를 좋게 보기 어려워. 일제 강점기에 일본인들은 조선인들이 이렇게 서로 싸우다가 나라를 잃은 것이라고 강조했어. 당시에는 우리나라 사람들도 당쟁이 외세의 침략을 막지 못한 원인이었다고 생각하기도 했지. 하지만 동인과 서인이 처음 나누어진 뒤 예송 논쟁에 이르기까지, 붕당이 계속 나누어지고 의견 대립이 많았어도 상대편을 국가 운영의 동반자로 여겼어. 싸울 일이 있으면 강압적인 방법이나 무리한 수단을 동원하지 않고 토론을 통해 자신들이 옳다는 것을 밝히려 했지. 또 상대편으로부터 잘못했다는 지적을 받지 않기 위해서 올바른 정치를 하려고 노력했어. 하지만 숙종 때 환국이 자주 일어나면서 상대방을 완전히 제거해 버리는 데 몰두하게 되었어. 이처럼 정치적 보복이 되풀이되면서 서로의 존재를 인정하지 않게 되어 정치가 크게 어지러워진 거란다.

쟁점 토론 — 붕당 정치에도 좋은 점이 있나요?

조선 시대의 붕당 정치는 여러 가지 나쁜 결과를 낳았어. 이 때문에 신하들이 서로 무리지어 싸우느라 외세의 침략에 무관심해서 나라가 망했다고 주장하는 사람도 있지. 하지만 정말로 붕당 정치는 나쁘기만 한 걸까?

붕당 정치의 문제점을 지적하는 사람들은 다음과 같이 주장해.

> 정치하는 사람은 서로 의견이 다르더라도 나라를 위해 좋은 정책을 고민하고 시행되도록 해야 합니다. 하지만 붕당 정치는 자기 당의 입장만 생각해서, 상대편의 좋은 의견에도 무조건 반대하는 일이 많습니다. 그러니 당을 만들어 서로 싸우는 붕당 정치는 나쁜 것입니다.

하지만 붕당 정치의 좋은 점을 주장하는 사람들도 있어.

> 반대 의견을 무시하고 권력을 가진 사람이 마음대로 하는 것을 독재라고 합니다. 어떤 정책을 추진할 때 혹시 부작용은 없을지 따져 보고, 반대 의견도 충분히 들어서 문제점이 있으면 고쳐야 합니다. 붕당 정치는 이런 면에서 장점을 갖고 있습니다.

어떻게 생각해? 붕당 정치는 서로 싸우기만 하니 나쁘다는 주장과 여러 정치 세력이 서로 견제하고 균형을 이룰 수 있어 좋은 점도 있다는 주장. 어느 쪽이 맞는 것 같아?

견제와 균형이 필요한데, 그 균형이 무너졌을 때가 문제인 것 같네요!

생각 넓히기

1 생각해 보기

선조 때에 붕당이 생기면서 시작된 당파 싸움은 현종 때에 이르러 더욱 심해졌어. 현종의 아버지인 효종이 죽었을 때, 그가 맏아들이 아니라는 이유로 상복을 1년 입어야 하는지 3년 입어야 하는지를 두고 서인과 남인이 다투었어. 그 뒤 효종의 부인이 죽었을 때에도 같은 문제로 또 다투었지. 이처럼 죽은 사람을 위해 얼마 동안 상복을 입어야 하는지를 두고, 왜 서인과 남인이 그렇게 다투었는지 생각해 보자.

2 활동해 보기

숙종 때에는 당파 싸움이 왕위 계승자 싸움으로 확대되었어. 남인과 소론은 장희빈의 아들인 세자(후에 경종)를 왕으로 밀었고, 노론은 숙종의 또 다른 아들인 연잉군(후에 영조)를 왕으로 밀었지. 이처럼 당쟁이 후계자 싸움으로 변하게 된 이유는 무엇인지 써 보자.

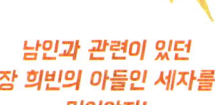
남인과 관련이 있던 장 희빈의 아들인 세자를 밀어야지!

 VS

우리가 장 희빈을 죽도록 만들었으니, 우린 연잉군을 밀어야 한다고!

남인·소론 / 노론

11장 영조와 정조의 탕평 정치

여기는 정조 때의 수원이야. 한창 공사가 진행되고 있어.
얼핏 보아도 규모가 대단한 것 같아. 많은 사람들이 모여서 일을 하고 있네.
여기다가 무엇을 짓는 것일까? 성처럼 보이는데 수도를 옮기려는 것일까?

영조의 탕평 정치

숙종의 뒤를 이어 왕위에 오른 경종은 4년 만에 세상을 떠났어. 그에게는 아들이 없었기 때문에 동생인 연잉군이 왕이 되었지. 이 사람이 바로 영조야. 노론 세력의 지지를 받는 영조가 왕이 되면서, 경종 때 힘을 가졌던 소론들이 쫓겨나고 노론의 세상이 되었어. 그렇지만 영조는 무조건 노론 편만 들어주지는 않았어. 숙종과 경종 때에 붕당 사이의 갈등이 심해져 서로 역적으로 몰아 죽고 죽이는 보복이 반복되었잖아. 이 때문에 후계자를 둘러싼 격렬한 다툼으로 왕의 권위가 땅에 떨어져 있었거든. 영조는 이런 상황을 바꾸려고 한 거야.

영조는 신하가 아니라 왕이 중심이 되어 정치를 해야 한다고 생각했어. 집안에 부모가 있듯이 나라에는 임금이 있어 백성들을 이끌고 가르쳐야 한다고 생각한 거야. 임금의 권위를 세우기 위해서는 먼저 붕당 사이의 다툼

을 막는 것이 필요했어. 그래서 영조는 탕평책을 내세웠지. 탕평이란 '어느 한쪽에 치우치지 않고 공평하게 한다'는 뜻이야. 탕평책을 추진하면서 영조는 각 붕당이 내세우는 의리와 명분을 인정하지 않았어. 붕당마다 각자 의리를 내세우지만, 그것은 임금을 위한 의리가 아니라 자기 붕당 사람들을 위한 의리일 뿐이었어. 그래서 인정할 수 없다는 것이었지. 그러면서 노론이나 소론, 남인 중에서, 각자 자기 붕당의 입장만을 내세우지 않고 임금의 뜻을 존중하는 온건한 인물들을 골고루 등용하여 정치를 운영했어.

영조가 붕당 사이의 싸움을 막기 위해 탕평책을 추진했지만 처음부터 잘 되었던 것은 아니었어. 영조의 정책에 따르지 않는 사람들이 많았기 때문이지. 노론과 소론, 남인들은 자기들만이 충신이고 상대편은 역적이라고 주장하면서 오랫동안 서로 싸워 왔고, 그 과정에서 많은 사람들이 죽임을 당했잖아. 이렇게 다른 당파 사람들을 원수로 여기고 있었기 때문에, 임금이 갑자기 서로 사이좋게 지내라고 하는 것을 받아들이기 어려웠던 거야.

그래서 영조는 자기 말을 따르는 외척들을 등용해서 당파 사이의 다툼을 억누르려 했지만, 오히려 다툼이 더 커지기도 했어. 특히 노론과 소론의 갈등이 심했어. 당파 사이의 갈등은 영조의 아들인 사도 세자의 죽음에도 영향을 미쳤어. 사도 세자는 잘못된 행동을 많이 해서 영조의 눈 밖에 나기도 했지만 노론과도 사이가 좋지 않았어. 그 결과 영조의 명에 따라

이제 싸움은 그만하고 서로 사이좋게 지내야 한다!

영조의 모습과 영조가 성균관에 세운 탕평비야. 붕당 간의 싸움을 끝내고 강한 나라를 만들겠다는 뜻을 담고 있어.

뒤주 속에 갇혀 죽고 말았지. 그렇지만 영조는 사도 세자의 아들(후에 정조)을 후계자로 삼았어. 그리고 그를 먼저 세상을 떠난 자신의 다른 아들인 효장 세자의 후손으로 삼아, 다음 왕으로서의 지위를 확고하게 해 주었어. 죄인의 아들은 왕이 될 수 없다는 비판을 처음부터 막으려 했던 거야. 숙종 때 누구를 왕의 후계자로 삼느냐 하는 문제 때문에 붕당 사이에 다툼이 일어났던 일 기억하지? 영조는 후계자의 지위를 확고하게 만들어서 그런 일이 다시 일어나지 않도록 했어. 이처럼 자신의 정책을 강하게 밀고 나가자 영조의 말을 따르는 신하들이 점차 늘어났어. 그러면서 붕당 사이의 다툼도 줄어들어 정치가 안정되어 갔어.

영조의 개혁 정책

정치적 안정이 이루어지자 영조는 여러 가지 중요한 개혁을 추진했어. 먼저 나라를 다스리는 기준을 세우기 위해 《속대전》이라는 법전을 편찬했어. 성종 때 반포된 《경국대전》은 너무 오래 전에 만들어진 법이라 사회 현실과 맞지 않는 부분이 많았거든. 영조는 그동안 생겨난 제도와 법률을 다듬고 종합해서 나라를 운영하는 틀을 다시 정비한 거야. 또 전국 각 지역의 사정을 상세히 조사하여 《여지도서》나 《해동지도》와 같은 전국 지리지와 지도책을 편찬하게 했지.

영조는 태종 때 만들어졌다가 없어진 신문고 제도를 부활해서, 백성들이 억울한 일을 호

영조 때 만들어진 《속대전》과 《여지도서》, 《해동지도》야.

《속대전》

《해동지도》

《여지도서》

소할 수 있도록 했어. 그리고 궁궐 밖으로 자주 행차했는데, 그 이유는 궁궐 안에서 신하들이 말하는 것만 듣지 않고 백성들의 이야기를 직접 들으려 했기 때문이야. 백성들은 자기들의 어려운 사정을 글로 써서 알릴 수도 있었지. 또 죄인을 심문할 때 함부로 매를 때리지 않도록 했고, 큰 죄를 지어 사형을 받게 된 죄수라도 반드시 세 차례 심판을 거치도록 했어. 이게 모두 백성들에게 억울한 일이 생기지 않도록 하려고 그런 거야.

영조의 업적 중 가장 중요한 것으로는 균역법을 꼽을 수 있어. 평민 남자들이 1년에 2필씩 내던 군포를 1필씩만 내도록 줄여 준 거야. 균역이란 '군역을 균등히 한다'는 뜻이야. 원래 조선 시대에 평민들은 정병으로 군에 직접 가거나 정병을 돕는 보인이 되어 군역을 부담했어. 그런데 점차 실제 군대에 가지 않고 1년에 군포 2필씩을 납부해서 군역을 대신하는 방법이 일반화되었지. 나라에서는 일반 평민들을 군인으로 동원하는 대신에, 군포를 받아 이를 가지고 직업 군인을 모아 군대를 유지하려고 한 거야. 임진왜란 때 만들어진 훈련도감도 모두 급료를 받는 직업 군인으로 구성되었어. 그 밖에 다른 지방에서도 군포를 거두어 군대를 운영했지.

그런데 나라에서는 거두어야 할 군포의 총량을 미리 정한 다음에 이를 각 마을에 배정했어. 그러다 보니 실제로 백성들이 부담해야 할 군포는 한 사람당 2필보다 더 많았어. 이를 견디지 못한 평민들 중 부유한 사람은 양반 신분을 사서 군역 부담에서 빠져나갔고, 가난한 사람은 도망을 쳤어. 그래도 마을에서 부담해야 할 군포의 총량은 그대로였기 때문에, 남은 사람들이 도망친 이웃이나 친척의 몫까지 내야 했지. 이렇게 해서 평민들의 부담이 더욱 커져 갔어. 이 문제를 해결하기 위해 영조가 군포를 1필로 줄여 주는 균역법을 시행한 거야. 영조는 균역법을 시행하기 전에 군포 문제 개선을

위한 여러 가지 방법을 두고 백성들의 의견을 널리 물었어. 한양 거리에 왕이 직접 나와서 많은 백성들에게 자신의 생각을 말하게 하였고, 그것을 모아서 정책에 반영한 거란다.

정조의 탕평 정치

영조의 뒤를 이어 임금이 된 정조는 영조의 탕평 정치를 계승해서 더욱 강력히 추진했어. 정조가 왕이 되었을 때 정조는 사도 세자의 아들이므로 왕이 될 자격이 없다고 생각하는 신하들도 있었고, 반대로 사도 세자의 복수를 해야 한다고 주장하는 신하들도 있었어. 그러나 정조는 왕이 된 후 사도 세자를 죽음에 이르게 한 일부 외척 세력들을 몰아내기는 했지만, 사도 세자의 죽음은 영조의 뜻이었으므로 그 문제는 다시 꺼내지 말라고 명령했어. 아버지의 죽음은 가슴 아픈 일이지만, 그 일 때문에 자신이 다스리는 동안 불필요한 다툼이 다시 일어나지 않도록 한 거야.

어려서부터 누구보다 열심히 공부했던 정조는 경연 자리에서도 다른 왕들과 달랐어. 신하들이 경전의 내용을 설명하면 그냥 듣기만 하는 것이 아니라, 어디가 옳은지 어느 부분의 해석이 틀렸는지 꼼꼼하게 지적하고 가르쳤어. 이같이 스스로를 '임금이자 스승'이라고 여기면서 신하들을 학문적으로 이끌어 나갔어. 영조보다 더 자신의 권위를 높이려 한 거지.

정조는 무예 실력도 뛰어났어. 특히 활쏘기를 잘했는데 백발백중의 솜씨였다고 해. 하루는 신하들을 모아서 활쏘기 시합을 하면서 50발을 쏘게 되었는데, 49발을 모두 맞추고 마지막 한 발은 쏘지 않았다고 해. 왜 그랬을까? 솜씨는 충분히 발휘하면서도 자랑스레 뽐내지 않는 모습을 보여 주어 신하들이 마음속으로부터 따르도록 한 거야.

이렇게 실력을 갖추고 왕권에 대한 자신감을 바탕으로 정조는 노론과 소론, 남인 등 여러 당파의 인물들을 고루 뽑아 썼어. 그러면서도 여러 붕당의 주장 가운데 옳고 그른 점을 판단하여 시비를 명확히 가렸지. 붕당 사이의 다툼을 가급적 그냥 덮으려 했던 영조와는 달랐던 거야.

정조는 규장각을 세운 뒤에, 젊고 유능한 신하들을 신분에 관계없이 뽑아 규장각에서 철저히 교육시켰어. 자신의 정치적 입장을 뒷받침할 수 있는 인재를 키우려 한 거야. 규장각에는 전통적인 성리학 서적뿐 아니라 청을 통

규장각에서 일하는 신하들은 공부에 힘쓰라!

정조의 모습과 김홍도가 그린 〈규장각도〉야. 정조는 왕실 도서관인 규장각을 세우고 학사들을 두어 열심히 공부하도록 했어.

해 수입한 서양 과학에 관한 책들도 많이 있었어. 젊은 신하들이 다양한 최신 학문을 접할 수 있도록 한 거야. 실학 사상가로 유명한 정약용은 정조 때 규장각에서 공부한 대표적인 학자야. 이 밖에도 임금을 지키는 특별 부대인 장용영을 세워 왕권에 대한 도전을 막으려고 했어.

이렇게 해서 강력한 왕권을 갖게 된 정조는 영조 이후에 새로 만들어진 법률을 모아서 《대전통편》을 편찬했고, 외교 문서를 모은 《동문휘고》, 각종 무예 기술을 그림으로 그려 이해하기 쉽게 만든 《무예도보통지》 등도 편찬했어. 또한 아버지 사도 세자를 기리기 위해 수원 부근으로 능을 옮기고, 수원에는 화성을 쌓아 새로운 도시를 만들었지. 화성을 세울 때에는 청의 새로운 기술을 받아들여 만든 거중기, 유형거 등을 사용해서 노동력과 경비를 줄였어. 이때 규장각에서 공부한 정약용이 큰 활약을 했어. 앞(158~159쪽)에서 보았던 것이 바로 화성을 쌓는 모습이야. 정약용이 만든 거중기, 녹로 등의 기구를 이용하였기 때문에 좀 더 쉽게 성을 쌓을 수 있었지. 성을 쌓은 후에는 이곳에 자주 행차하면서 화려하고 권위 있는 임금의 모습을 백성들이 직접 볼 수 있도록 했어. 정조가 화성에 행차할 때에는 백성들이 모여서 이를 구경하였고, 때로는 자신들의 어려운 사

> 정조가 화성에 있는 서장대에서 군사 훈련 모습을 지켜보고 있어.

> 정조 때 쌓은 수원 화성의 모습이야. 크고 웅장한 모습이 인상적이야.

정을 왕에게 직접 호소하기도 했어. 이 밖에도 정조는 백성들이 잘살게 하기 위해 상인들이 자유롭게 장사할 수 있도록 했고 광산 개발도 장려했어. 이처럼 정조 때에 나라가 안정되면서 화가 김홍도를 비롯한 훌륭한 예술가들이 활동하였고, 문화적으로 많은 업적을 남길 수 있었단다.

《화성 성역 의궤》는 어떤 책인가요?

정조가 수원에 지은 화성은 그 아름다운 모습과 과학적인 건축 방법으로 유명해. 하지만 더 놀라운 것은 화성 건설에 관한 모든 것이 자세히 기록되어 있다는 거야. 조선 시대에는 나라에 큰 행사가 있을 때, 그에 관한 기록을 남겼는데 이를 '의궤'라고 해. 화성 건설에 관해 자세하게 기록한 것이 바로 《화성 성역 의궤》라는 책이야.

성을 쌓는 동안 무슨 일이 있었는지, 언제 어느 건물을 지었는지, 어떤 기능을 가진 기술자 몇 명이 일했는지, 어떤 기계를 사용했으며 재료는 어떤 것을 썼는지, 비용은 얼마를 주었는지 하는 등의 세세한 일들이 모두 기록되어 있어. 그리고 완성된 건물의 크기와 생김새까지도 아주 자세히 기록되어 있지.

무거운 돌을 들어 수레에 실을 수 있는 거중기와 돌을 들어 올려 성을 쌓는 녹로라네!

《화성 성역 의궤》는 자세하게 기록했기 때문에 무려 10권이나 돼. 그 결과 화성 신축 공사의 모든 과정뿐 아니라 모든 건물에 대한 정보가 아주 상세하게 기록되어 있어.

수원 화성이 유네스코 세계 문화유산이 될 수 있었던 것도 바로 이 책 덕분이야. 일본의 지배와 6.25 전쟁을 겪으면서 화성에 부서진 곳이 있었는데, 이 책에 기록된 내용에 따라 거의 처음과 같은 모습으로 복원할 수 있었단다.

건축물을 짓는 것도 중요하지만, 그 과정을 기록하는 것도 중요하군요!

생각 넓히기

1  생각해 보기

다음은 정조가 왕이 된 후에 실시한 정책 중의 하나를 설명한 글이야. 정조가 다음과 같은 정책을 펼친 이유가 무엇이었는지 생각해 보자.

> 정조는 젊고 유능한 신하들을 출신에 상관없이 따로 뽑아 규장각에서 철저히 교육시켰다. 나라를 다스리는 데 필요한 인재를 키우려 했던 것이다. 규장각에는 전통적인 성리학 서적뿐만 아니라 청을 통해 수입한 서양 과학에 관한 책들도 많이 있었다. 정조는 이를 통해 젊은 신하들이 다양한 최신 학문을 접할 수 있도록 했다.

2  활동해 보기

조선 시대에는 임금이 행차할 때 징이나 꽹과리를 쳐서 주목을 끈 다음에 억울한 사연을 호소하는 제도가 있었어. 이를 격쟁이라고 하는데, 특히 영조와 정조 때에 활발했다고 해. 격쟁이라는 제도를 실시한 이유가 무엇이었는지 써 보고, 오늘날 이와 비슷한 제도가 있는지 알아보자.

12장 신분제의 동요

여기는 조선 후기의 어느 시골 마을이야. 사람들이 둘러앉아 담배를 피우려 하고 있어. 그런데 양반과 평민이 같이 앉아 담뱃대를 들고 있네. 조선 시대에는 신분이 엄격했다고 하는데, 이게 어찌된 일일까? 무슨 일이 있었던 것일까?

질문 있어요!

"저기, 궁금한 게 있어요!"

"무엇이든 물어보세요!"

"이제는 평민들이 양반을 봐도 무서워하지 않아요. 왜 그렇게 된 거죠?"

'가짜 양반일 거야!'

"그건 양반의 수가 너무 많아져서 그래요. 돈 주고 양반을 사는 평민들이 많아져 양반이 넘쳐 나니, 양반을 무서워하지 않게 된 거지요."

"나도 양반!"

"난 원래부터 양반이었어요. 비록 돈이 없어서 이 모양이지만, 돈 주고 양반을 산 가짜 양반하고는 다르다고요!"

"조선 후기 들어 양반이 늘어나는 등 신분 변동이 잦아지면서, 엄격했던 신분 제도가 흔들리기 시작했어. 이에 따라 양반도 여러 계층으로 나누어졌단다."

"모자 다시 주세요!"

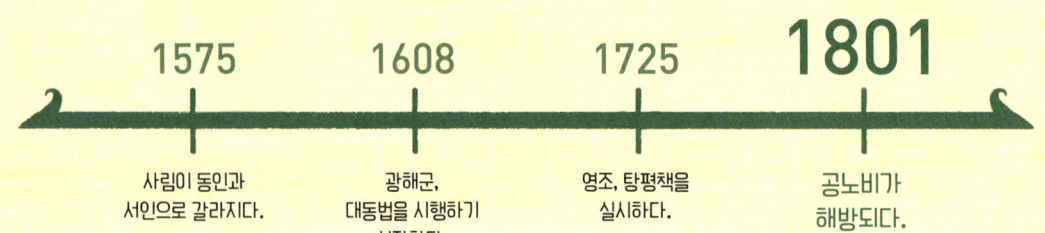

- 1575 사림이 동인과 서인으로 갈라지다.
- 1608 광해군, 대동법을 시행하기 시작하다.
- 1725 영조, 탕평책을 실시하다.
- **1801** 공노비가 해방되다.

신분제의 동요 원인

앞에서 조선 시대는 엄격한 신분제 사회였다고 했던 것 기억하니? 신분은 양반과 중인, 평민, 천민의 네 가지로 나뉘었고, 한 번 정해진 신분은 바뀌지 않는다고 했던 것 말이야. 그런데 임진왜란과 병자호란을 거치면서 조선의 신분 제도는 큰 변화를 겪게 돼. 평민으로 신분이 올라가는 천민이 생겨났고, 심지어 이들 중에는 양반이 되는 경우도 있었어. 물론 평민도 양반이 되기 쉬워졌지. 반면에 양반의 후손이었으나 경제적으로 몰락해서, 평민이나 천민과 마찬가지로 직접 농사를 짓거나 장사를 해서 살아야만 하는 양반도 생겨났어.

그러면 이러한 변화가 생긴 원인은 무엇이었을까? 전쟁을 겪으면서 전쟁에 필요한 물자를 모으고 병사들에게 먹일 식량을 마련하기 위해 많은 돈이 필요해진 조정에서, 사람들에게 돈을 받고 직첩을

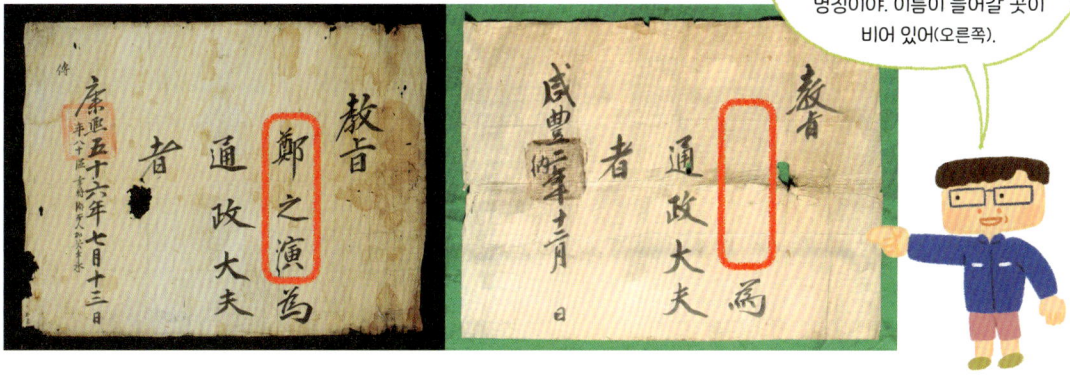

원래 국가에서 관리를 임명하거나 품계를 내려 줄 때에는 당사자에게 교지라는 형식의 문서를 주었어(왼쪽). 공명첩은 임명을 받는 사람의 이름이 비어 있다고 해서 붙은 명칭이야. 이름이 들어갈 곳이 비어 있어(오른쪽).

팔았기 때문이야. 또 전쟁 중에 전투에서 공을 세운 병사들을 격려하기 위해 적군의 목을 벤 숫자에 따라 천민을 평민으로, 평민을 양반으로 신분을 높여 주었기 때문이기도 하지. 여기서 직첩이란 관직이나 직위를 내려 주었다는 임명장이야. 그러니까 쉽게 말하자면 돈을 받고 관직을 팔았다는 이야기야. 이런 일이 반복되면서 전쟁이 끝난 후에도, 나라에 흉년이 들어서 식량이 필요하거나 돈이 많이 들어가는 공사를 해야 할 때에는 백성들에게 직첩을 팔았어. 이때 백성들에게 팔았던 직첩을 공명첩이라고 해. 공명첩이란 이름을 적는 곳이 비어 있다고 해서 붙은 명칭이야. 돈을 내고 직첩을 사는 사람에게 빈칸에 그 이름을 적어 주었지. 이것을 사면 나라에서 양반으로 인정해 준 셈이었기 때문에, 돈이 많은 평민들이 이를 사려고 했어. 이처럼 양반이 늘어나고 신분 변동이 잦아지면서 엄격했던 조선의 신분 제도는 흔들리기 시작했어. 그럼 각 신분별로 어떤 변화가 있었는지 알아볼까?

천민의 신분 해방

두 번의 전쟁을 거치면서 전투에서 공을 세운 천민은 평민이 되었고, 일단 평민이 되면 과거에도 응시할 수 있었어. 어렵기는 했지만 합격하면 양반이 될 수도 있었지. 또 공노비는 국가에, 사노비는 주인에게 돈을 내면 천민 신분에서 해방될 수 있었어. 국가에서는 세금을 내지 않는 천민의 숫자가 많은 것보

다 이들을 평민으로 만들어 세금을 걷는 것이 낫다고 생각했어. 그래서 이를 막지 않았고 오히려 장려하기도 했어. 또 가난해진 노비 주인이 돈을 받고 노비를 해방시켜 주기도 했지.

영조 때에는 노비 종모제라는 제도가 시행되어 평민의 수가 더 늘어났어. 이전에는 부모 중 한쪽이 노비이면 그 자식은 무조건 노비가 되었는데, 이제는 어머니가 노비인 경우에만 그 자식이 노비가 되도록 한 거야. 아버지가 노비여도 어머니가 평민이면 그 자녀는 평민이 되는 거지. 이러한 흐름 속에서 1801년에는 나라에서 공노비를 해방시켜 평민으로 만들었어. 개인들이 소유하고 있는 사노비는 나라에서 간섭하지 못했지만 관청이 소유한 공노비는 해방을 시킨 거야. 그 뒤 1894년에 갑오개혁으로 신분 제도가 없어지면서 법적으로 모든 노비가 해방되었고, 천민이라는 신분 자체가 사라지게 되었어.

평민의 신분 상승 노력

돈이 있는 평민들은 자신의 경제력을 이용해서 양반이 되려고 했어. 국가에서 발행하는 공명첩을 사는 경우도 있었고, 양반집과 호적을 바꾸거나 족보를 가짜로 만들어서 양반이 되었지. 예를 들면 조상이 높은 벼슬을 했지만 지금은 경제적으로 몰락한 집안의 족보를 새로 만들 때, 그 비용을 대신 부담하고 자기도 슬그머니 후손이 없는 사람의 자손

족보는 가문의 계통과 혈통을 기록한 책이야. 조선 후기에는 족보를 가짜로 만들어 양반이 되는 경우가 많았어.

으로 끼어드는 거야. 아니면 가짜 양반 족보를 만들고, 자기를 아는 사람이 없는 다른 지역으로 이사하여 살면서 양반 행세를 하는 거지.

　이처럼 평민들이 양반이 되려고 했던 이유는 무엇일까? 그중 가장 큰 이유는 군역 부담을 피하기 위해서였어. 앞에서 군역 대신 1년에 1인당 2필씩 군포를 받았다는 것은 얘기했지? 이때에도 나라에서는 군포를 거두어 훈련도감을 비롯한 중앙과 각 지방에서 군대를 운영했어. 영조 때 균역법으로 군포의 양을 줄여 주기는 했지만, 양반이나 천민은 군역이 면제되었기 때문에 평민들의 군포 부담은 여전히 컸지. 그래서 돈이 있는 일부 평민들은 양반이 되어 군역을 벗어나려 한 거야. 이렇게 해서 양반이 되더라도 높은 벼슬을 하기는 어려웠지만 군포를 내지 않아도 되었고, 자신이 사는 지역에서는 양반 대우를 받을 수 있었기 때문에 양반이 되려고 노력했던 거야.

　이렇게 되자 평민 신분에는 돈이 없어 양반이 되지 못한 사람들과 원래 천민이었지만 돈으로 신분을 사서 평민이 된 사람들만 남게 되었어. 이때부터 양반들은 천민이었다가 신분 상승한 평민이나 원래부터 평민이었던 사람들을 똑같이 천하게 취급하게 되었지. 보통 천한 사람을 가리키는 말로 쓰이는 '상놈'이라는 말은 본래 평민을 가리키는 말이었어. 그런데 양반들이 평민을 천하게 취급하면서 보통 사람을 뜻하는 상놈이라는 말이 다른 뜻으로 쓰이게 된 거야.

중인과 서얼의 신분 상승 노력

천민이나 평민도 신분 상승을 위해 노력했지만 이들보다 더 노력한 사람들은 중인과 서얼일 거야. 서얼은 서자라고도 하는데 아버지는 양반이지만 어머니가 정식 부인이 아닌 경우를 말해. 어떤 양반이 첫 부인이 먼저 세상을 떠나 다시 결혼한 것이 아니라, 처음 부인이 살아 있는데도 또 다른 부인을 얻었을 때 그 자녀를 서얼이라고 해. 이들은 양반의 자식이었지만 정식 부인의 자녀가 아니라는 이유로 여러 가지 차별을 받았지. 과거에 급제해도 높은 벼슬에는 오르지 못했어. 그래서 이들은 문과에 응시하기보다는 의관이나 역관 등 주로 중인들이 종사하는 기술직으로 진출하는 경우가 많았어. 이 때문에 중인과 서얼은 같은 신분으로 생각되기도 했지. 중인과 서얼은 양반 대접은 받지 못했어도 지배 계급에 속했기 때문에, 자신들보다 낮은 계층인 평민이나 천민들의 신분 상승 노력에 큰 자극을 받았어.

중인들은 행정 실무나 의술, 법률, 외국어 등의 전문 지식이 있었으므로 이를 이용해서 많은 재산을 모을 수 있었어. 문화 수준이나

> 유숙이라는 화가가 그린 〈수계도〉란 그림이야. 수십 명의 중인들이 모여 시를 짓는 모습을 그린 거야.

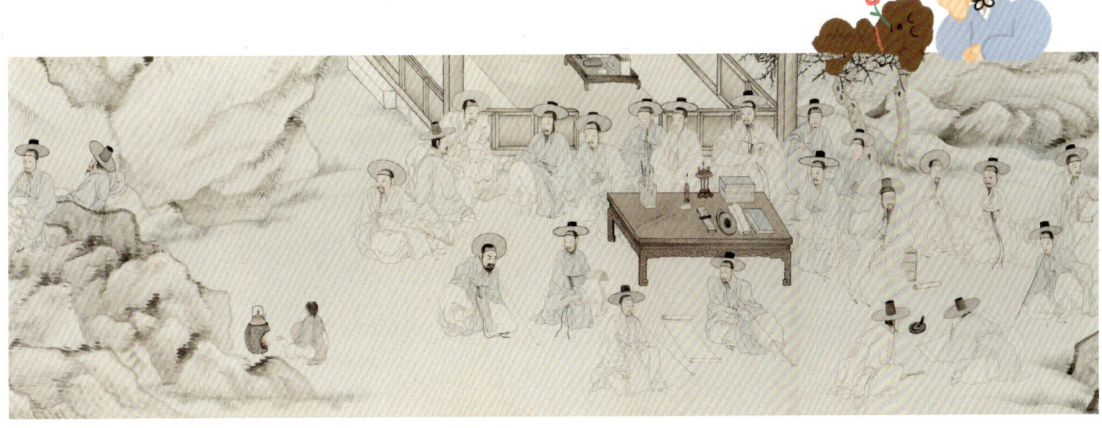

사는 모습이 양반과 다름없는 중인들도 있었지. 이들은 재력을 바탕으로 신분 상승을 위해 노력했어. 이러한 노력의 하나로 중인들은 양반들이 하는 것을 본떠서, 시를 짓는 모임을 만들어 함께 어울리기도 했어. 이러한 모임에는 양반이나 권세 높은 사람들이 참가하는 경우도 많았어.

한편 조선 시대 관직 중에는 더 높은 벼슬로 나아가기 위해 꼭 거쳐야 하는 중요한 직책이 있었는데 이를 청요직이라고 했어. 주로 사헌부나 사간원, 홍문관, 규장각 등에서 일하는 자리였어. 당연히 청요직에는 집안이 좋은 사람들만 임명되었어. 중인이나 서얼들은 꿈도 꿀 수 없었지. 그래서 이들은 여러 차례에 걸쳐 자신들도 청요직에 임명시켜 달라고 요구했어. 이러한 노력의 결과로 정조는 규장각 검서관에 서얼 출신 학자들을 등용하였고, 철종 때에는 서얼들도 청요직에 임명될 수 있었어. 이에 자극받아 중인들도 더 열심히 요구를 했지만 받아들여지지 않았어. 그렇지만 중인들은 노력을 계속하였고 개항 이후 신문물을 받아들이는 데 앞장섰어. 특히 외국어 학습, 서양 의술 등을 적극 받아들여 해당 분야의 전문가로 인정받게 되었고, 이에 따라 사회적 진출도 활발해졌지.

양반의 분화

양반은 원래 과거에 합격한 문무 관리를 가리키는 말이었는데, 과거에 합격하여 실제 벼슬을 하는 것이 쉬운 일은 아니었어. 그래서 실제로 벼슬을 하지 않았어도, 명성이 높은 학자나 고위 관리의 후손들은 자연스럽게 양반으로 인정되었지. 이렇게 양반으로 대우받던 사람들은, 여러 계층의 신분 상승 노력으로 양반의 수가 늘어나자 새로 끼어든 양반들과 자신을 구별하려고 노력했어. 가문의 족보를 만들어 기존의 권위를 유지하려 했고, 마을 단위의 양반 명부인 청금록을 만들어 자신들이 전통 있는 가문의 후손임을 내세우려 했지. 또 양반끼리만 결혼하여 신분을 지키려 했어. 이런 방법을 통해 자신들을 새로 끼어든 양반들과 구별하려고 했던 거야.

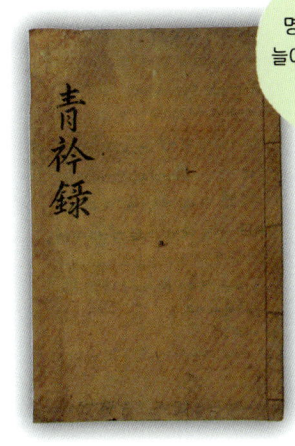

마을 단위의 양반 명부인 청금록이야. 양반이 늘어나자 새로운 양반과 구별하기 위해 청금록을 만들었어.

국가에서도 양반이 늘어나는 것을 막으려 했어. 각종 세금이나 군역이 면제되는 양반이 늘어나면 그만큼 나라의 재정 수입이 줄어들기 때문에 이를 막으려 한 거야. 그래서 점차 과거 시험을 볼 수 있는 자격에 제한을 두었어. 과거 시험을 볼 때에는 4조(아버지, 할아버지, 증조할아버지, 외할아버지)의 이름과 벼슬을 적게 하였는데, 이는 원래 합격 후 신분 확인을 위한 것이었어. 그렇지만 조선 후기에 들어서는 4조 중 실제 벼슬을 한 사람이 있어야만 과거에 응시할 수 있게 되었어.

이 때문에 양반 안에서도 종류가 생겨나게 되었어. 높은 관직까지 오를 수 있는 특권 양반층은 주로 한양에 살았는데, 이들을 경화 사족이라 불렀어. 경화 사족을 포함해서 실제 권력을 가지거나 이에 접근할 수 있는 양반들을 권반이라 했어. 하지만 대부분의 양반은 과거에 합격하기도 어려웠고, 과거에 합격해도 벼슬을 얻기는 더욱 어려웠지. 또 어렵게 관직에 임명되어도 고위직까지 오르지 못하고 지방 수령이나 하급직에서 그치는 경우가 많았어. 이들은 지방 사회에서 겨우 자신의 권위를 유지할 수 있을 뿐이었어. 이처럼 중앙 조정에서 벼슬을 하지 못하고 지방 사회에서만 큰소리치는 양반들을 향반이라 했어. 또 아예 몰락하여 상민이나 노비와 별 차이 없이 살

아가는 양반들도 많았어. 이들은 잔반이라 불렸는데, 앞(170~171쪽)에서 보았던 것이 바로 잔반의 모습이야. 이들은 생계를 위해 직접 농사를 짓거나 날품팔이를 해서 살았지. 길에서 양반을 만나면 엎드려 인사를 하던, 엄격했던 신분제가 급격하게 무너진 모습을 잘 보여 주고 있어.

　조선 시대에도 지역 차별이 있었는데, 평안도나 함경도와 같은 서북 지역 출신들은 과거 시험에서부터 차별을 받았어. 왜 그랬을까? 함경도와 평안도는 한양에서 거리가 멀어 유교적인 가르침을 베풀기가 어렵다고 생각했어. 또 조선 개국 후 여진족들을 몰아내고 차지한 곳도 있었기 때문에 문화적으로 차이가 나는 곳이라 여겼지. 함경도는 조선 초에 일어난 반란과 임진왜란 중에 일어난 국경인의 반란 때문에 좋지 않은 인상을 갖고 있었어. 평안도는 중국과 가까워 국제 무역과 상업, 광업이 발달했는데 이런 점들이 유교적 사고방식에 맞지 않는다고 생각한 거야. 이러한 차별 때문에 이 지역 출신 사람들은 문반보다는 무반직으로 많이 진출했는데, 이것이 또 차별을 받는 이유가 됐어. 글공부는 하지 않고 말 타고 활이나 쏘는 것을 즐긴다고 얕잡아 본 거야. 이런 이유로 서북 지역 사람들은 과거 합격도 어려웠을 뿐 아니라 합격해도 관직에 임명해 주지 않았지. 정조는 한양에서 먼 지역에 사는 사람들에게도 과거 합격의 기회를 보장하고 벼슬도 주어야 한다고 생각했어. 그래서 이들을 대상으로 특별 과거를 실시하기도 했지만 뿌리 깊은 차별 구조는 고쳐지지 않았어.

 무반직도 사정은 비슷했어. 높이 올라갈 수 있는 자리는 한양의 양반 후손이 차지했고, 지방 출신은 낮은 자리나 겨우 차지할 수 있었지. 문반은 물론 무반직에 대한 차별은 지방 사람들에게 큰 불만이었어. 특히 서북 지역은 무예를 중시하는 곳인데 무반 벼슬도 받기 어려워지면서 불만이 더 커졌던 거야. 이러한 지역 차별은 나중에 홍경래의 난이 일어나는 중요한 원인이 되었어.

이처럼 조선 후기는 신분제가 흔들리면서 여러 가지 신분 이동이 활발한 시기였어. 특히 공명첩을 사거나 족보를 위조해서 새로 양반이 된 사람들은 경제력에 맞는 사회적 지위를 갖기 위해 노력했지. 권세 높은 가문이 권력을 독차지하고 있었기 때문에 중앙 정계에 진출하기는 어려웠지만, 지방에서 여러 관직을 맡으면서 실질적인 사회 주도 세력으로 커 나갔어.

쟁점 토론

공명첩을 사서 양반이 되는 것은 나쁜 일일까요?

두 번의 전쟁을 치르면서 돈이 부족했던 조정에서는 돈을 받고 공명첩을 팔았어. 돈을 받고 관직을 팔았던 거지. 이를 통해 많은 부유한 평민들이 양반이 되었어. 이처럼 공명첩을 사고파는 것에 대해서는 찬성과 반대 의견이 있었어.

주로 양반들이 이에 반대했어.

나라에서 공명첩을 팔다니, 나라의 기강과 신분 제도가 흔들리잖아. 세상이 어찌 되려는지…! 과거 시험을 보지 않고도 나라에 돈만 내면 양반이 될 수 있다니, 요새는 돈만 있으면 개도 멍 첨지가 될 수 있다니까!

이에 비해 양반이 아닌 사람들은 신분 상승의 기회를 잡을 수 있어 좋아했지.

양반의 후손이 아니어서 양반이 될 수 없었던 사람이, 스스로의 힘으로 경제적 성공을 거두어서 공명첩을 통해 양반이 되는 것은 좋은 일이야. 오히려 아무 일도 하지 않고 조상의 덕으로 양반이 된 것보다 더 정당하다고!

엄격했던 신분 제도가 흔들리게 되면서, 나라의 기강이 무너지는 것을 염려하는 쪽과 변화하는 사회에 발맞추어 새로운 기회를 잡으려는 쪽이 맞섰던 거야. 어떻게 생각해? 공명첩을 통해 양반이 될 수 있다는 것이 나쁜 일일까? 좋은 일일까?

태어날 때부터 정해진 신분을 벗어날 수 있는 기회가 생겼으니 좋은 것 아닐까요?

생각 넓히기

1  생각해 보기

다음은 조선의 엄격했던 신분제가 후기 들어 변화하는 모습에 대한 설명이야. 다음과 같이 신분제의 변화가 일어난 이유는 무엇인지 생각해 보자.

> 조선 시대는 엄격한 신분제 사회였다. 신분은 양반과 중인, 평민, 천민의 네 가지로 나뉘었고, 한 번 정해진 신분은 바뀌지 않았다. 하지만 임진왜란과 병자호란을 거치면서 조선의 신분 제도는 크게 변했다. 평민으로 신분이 올라가는 천민이 생겨났고 이들 중에는 양반이 되는 경우도 있었다. 평민도 양반이 되기 쉬워졌다. 반면에 양반의 후손이었으나 경제적으로 몰락해서, 평민이나 천민과 마찬가지로 직접 농사를 짓거나 장사를 해서 살아야만 하는 양반도 생겨났다.

_____

_____

2  활동해 보기 ✓

신분제가 동요하면서 평민들은 경제력을 이용해서 양반이 되려고 했어. 공명첩을 사기도 했고, 양반집의 호적을 바꾸거나 족보를 가짜로 만들어 양반이 되기도 했지. 그러면 평민들은 왜 그토록 양반이 되고자 했는지 그 이유를 생각해서 써 보자.

"돈 주고 공명첩 받아서 양반이 되었더니, 잘난 체할 수 있어 좋구먼!"

"난 족보를 사서 양반이 되었어! 이젠 돈만 있으면 아무나 양반이 될 수 있다니까!"

_____

_____

_____

_____

13장 조선 후기의 경제적 변화

여기는 한양의 종로 거리에 있는 시장이야. 많은 가게들이 줄지어 서 있고 장사하는 사람과 물건을 사려는 사람으로 북적이고 있어. 그런데 이쪽에선 물건을 막 집어 던지고 난리가 났네. 왜 그러는 걸까? 도대체 무슨 일일까?

농업의 변화

 임진왜란과 병자호란이 끝나고 난 뒤에 남은 것은 굶주림과 황폐해진 논밭뿐이었어. 전쟁을 겪으면서 많은 사람들이 죽거나 끌려갔고, 전염병까지 돌아 농사지을 사람이 부족할 지경이었어. 또 전쟁 동안에 농사를 짓지 않아 논밭은 거칠고 황폐해졌지. 이 때문에 안정된 삶을 되찾고 나라 살림을 제대로 꾸리기 위해 백성이나 정부 모두 여러 가지 노력을 기울였어.

 그러한 노력 중에서 가장 중요한 게 바로 모내기 방식으로 농사를 짓는 것이었어. 모내기란 직접 논에 볍씨를 뿌리는 것이 아니라 작은 면적의 땅에 먼저 볍씨를 심어서 싹을 틔우고, 싹이 어느 정도 자라면 그 가운데 튼튼한 것을 골라 물을 대어 놓은 논에 옮겨 심는 것을 말하는 거야. 모내기 방식으로 농사를 지으면 볍씨를 논에 직접 뿌리는 직파법에 비해 여러 가지 장점이 있어. 먼저 잡초를 없애기가 쉬워. 논에 물이 차 있으니 잡초 씨가 날아와도 싹이 틀 수 없고, 벼가 이미 어느 정도 자란 상태이기 때문에 잡초보다 성장 속도가 빨라서 영양분을 빼앗기지도 않지. 또 논에 그냥 볍씨를 뿌린 것에 비해 간격을 고르게 심을 수 있어서, 햇볕과 바람이 잘 통해 벼가 잘 자라고 중간에 김을 매기도 편해. 김매기란 벼가 잘 자라도록 잡초를 뽑아 주는 일이야. 이렇게 하면 힘을 덜 들이고도 가을에 거두는 것이 많아지게 된단다. 그리고 가을에 추수한 후 다시 모내기를 하는 이듬해 초여름까지 논이 비어 있게 되는데, 여기에 보리나 밀을 심을 수 있어. 한 논에 벼도

심고 보리나 밀도 심을 수 있으니 그만큼 수확량이 늘어나겠지? 이렇게 두 번 농사짓는 것을 '이모작'이라고 해.

　그런데 이렇게 좋은 농사법인 모내기법을 왜 이전에는 사용하지 않았을까? 그전에는 몰랐던 것일까? 그건 아니야. 사실 모내기법은 일찍부터 알려져 있었지만 사용하는 농민들이 많지 않았어. 왜냐하면 모내기법으로 농사를 지으려면 물이 많이 필요했기 때문이야. 한반도는 기후 특성상 봄에 가뭄이 심해. 모내기를 하려면 논에 미리 물을 충분히 가두어 두어야 하는데, 봄에 비가 충분히 내리지 않으면 모판에서 기른 어린 벼를 옮겨 심을 수가 없어. 잘못하면 한 해 농사를 완전히 망치게 되는 거지. 이 때문에 모내기법을 사용하는 농민들도 많지 않았지만, 정부에서도 농사를 망칠까 걱정해서 모내기를 못 하도록 막기도 했어. 그렇지만 두 차례의 큰 전쟁을 겪은 후, 적은 노동력으로 수확량을 늘리려는 농민들의 노력으로 모내기법이 점차 퍼져 갔어. 그러자 정부에서도 전국 각지에 크고 작은 저수지를 만들거나 수리해서 봄 가뭄에 대비할 수 있도록 했지. 이렇게 모내기법이 퍼지면서 벼농사가 잘되자 농민들은 밭을 논으로 바꾸어 벼를 더 많이 심었어. 그 결과 쌀 생산량이 늘어났어.

모내기법을 사용하고 논이 늘어나면서 쌀 생산이 늘어나자, 먹고 세금으로 내는 쌀 이외에 남는 쌀이 생겼어. 이 쌀을 시장에 내다 팔면서 거래가 활발해졌지. 또 농민들은 벼농사만 지은 것이 아니라 채소나 담배, 인삼 등을 길러 시장에 내다 팔았어. 그 당시에 상업이 발달하면서 도시에 사는 사람들이 늘어났기 때문에, 이런 작물들을

신윤복의 〈저잣길〉이라는 그림이야. 그림 속의 여인이 생선 함지를 이고 채소 망태기를 들고 있어. 이처럼 쌀 이외에 채소 등을 길러 내다 파는 사람들이 늘어났어.

사려는 사람들이 많았어. 덕분에 농민들의 생활에 도움이 되었지. 일부 작물은 벼농사를 짓는 것보다 더 수입이 좋았다고 하니까 말이야. 또 이때 일본에서 고구마, 청으로부터 감자가 들어와 식량 사정이 더 좋아졌어.

하지만 이런 변화가 모두에게 좋은 것은 아니었어. 새로운 농법이 시작되었다고 해도 전국 어디서나 똑같이 모내기와 이모작이 가능했던 것은 아니거든. 날씨가 춥고 산이 많은 강원도나 함경도, 평안도 지역은 애초에 벼농사가 어려웠어. 이 때문에 새로운 농법을 적용해서 생산량이 늘어난 곳과 그렇지 못한 곳의 격차가 더 커졌어.

또 이전에 비해 사람의 힘을 덜 들이고도 더 넓은 땅을 경작할 수 있게 되자 자기 땅을 가진 사람들은 좋아졌지만, 자기 땅이 없어서 남의 땅을 빌려 경작하고 수확물을 나누어 가지던 소작인들은 처지가 나빠졌어. 예전보다 농사지을 사람이 덜 필요하게 된 땅 주인들이 소작인들 중에서 농사를 잘

조선 후기의 경제적 변화

짓는 사람에게만 더 넓은 땅을 빌려주고, 농사를 잘 짓지 못하는 사람에게는 땅을 빌려주지 않았거든. 그리고 소작을 주지 않고 모내기나 추수 때처럼 집중적으로 사람이 필요할 때만 임시로 사람들을 고용해서 농사를 지으려 하는 땅 주인들도 많아졌어.

이 때문에 농사지을 땅을 얻지 못한 사람들이 생겨나게 되었어. 땅을 얻지 못해 살기 어려워진 사람들은 농촌에 있으면서 임시로 일하는 노동자가 되거나 떠돌이 장사꾼이 되었고, 도시에서 수공업자의 일꾼이 되거나 작은 가게를 차리기도 했지. 광산에서 일하는 사람들도 늘어났어. 농업 위주였던 사회가 상업이나 수공업, 광업도 발달한 사회로 변화하기 시작한 거야.

상업의 발달과 시장의 증가

쌀을 비롯한 농업 생산물이 늘어나면서 이를 거래하는 상업이 발달하고, 따라서 시장도 늘어났어. 여기에는 대동법도 큰 역할을 했어. 대동법은 공물 대신에 쌀을 세금으로 내는 거라고 했잖아. 광해군 때 실시된 대동법은 숙종 때 전국으로 확대되었어. 대동법이 시행되면서 공물을 받지 않게 되었기 때문에, 나라에서는 필요한 물품을 사서 써야 했지. 그래서 나라에 필요한 물품을 대 주는 상인이 생겨났는데 이들을 공인이라고 해. 공인이 관청에 필요한 물품을 대량으로 사서 운반하였기 때문에 상업과 운송업이 발달하게 된 거야.

전국에서 생산된 물품이 모여드는 한양은 가장 중요한 상업 중심지였어. 한양에는 장사를 할 수 있도록 나라에서 허가받은 상인들이 있었는데 이들을 시전이라고 해. 시전은 나라에 필요한 물건을 공급하거나 국가 행사와 궁궐 수리 등에 필요한 공사 비용을 부담했어. 그 대신에

조선 시대의 한양을 그린 지도야. 가운데 길게 뻗은 곳이 시전 상인들이 활동했던 종로 거리야.

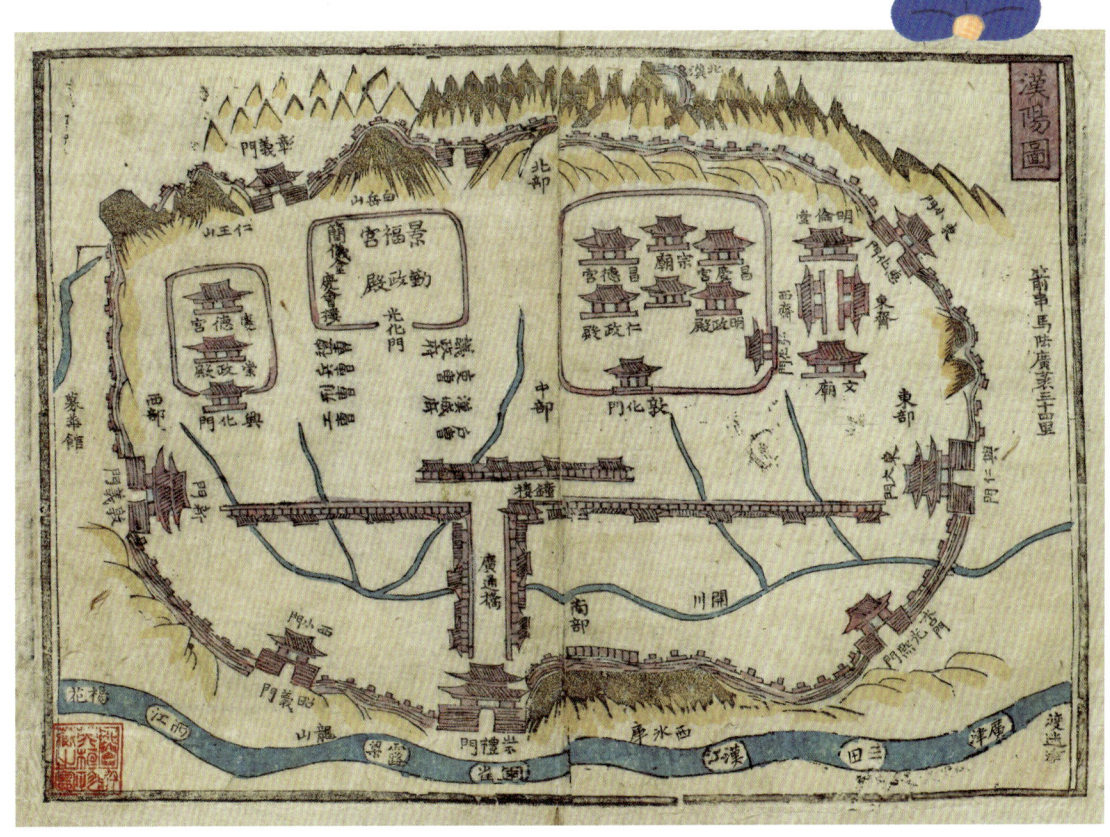

자신들이 취급하는 품목은 다른 상인들이 거래하지 못하도록 막고 독점적으로 판매할 수 있는 권리가 있었지. 처음에는 육의전이라고 해서 종이, 무명, 베, 명주, 비단, 어물을 판매하는 상인들만 시전으로 인정되었어. 그 뒤로 한양에 많은 물품이 모여들자 새로운 시전이 계속 생겨났어. 사기그릇을 취급하는 가게는 사기전, 놋그릇을 판매하는 가게는 유기전, 청에서 수입한 모자를 파는 가게는 모자전 등으로 새로운 이름이 붙은 거야.

　이처럼 시전이 늘어나면서 비슷한 물품을 파는 상인들 사이에 다툼이 생겼어. 예를 들어 사기그릇을 파는 사기전에서 놋그릇을 팔면, 유기전 사람이 와서 놋그릇은 유기전에서만 팔아야 한다며 다툼을 벌였던 거야. 그런데 시전 상인들 사이의 다툼보다 더 큰 문제는 허가받지 않은 개별 상인들, 즉 난전 상인과 시전 상인들 간의 충돌이었어. 시전 상인들은 허가를 받으면서 나라에 여러 부담을 지고 있었는데, 난전 상인들은 아무 부담도 지지 않았기

조선 후기의 시장 모습이야. 이때 곳곳에 시장이 생겨났는데, 이곳들은 지금까지도 중요한 상업 중심지로 남아 있어.

때문에 시전 상인들의 불만이 컸지. 그래서 앞(184~185쪽)에서 보았던 것처럼 허가받지 않은 상인이 철물을 만들어 시장에서 팔면, 철물전 주인이 나서서 난전을 단속한다는 핑계로 상인을 때리거나 물건을 빼앗았던 거야. 이러한 싸움이 끊이지 않자 정조는 조선 초부터 지정되어 있던 여섯 가지 품목을 파는 시전의 독점권만 인정하고, 나머지 상인들은 모두 자유롭게 장사할 수 있도록 했어. 신해년에 모든 사람이 장사할 수 있도록 했다고 해서 이를 '신해통공'이라고 해. 이처럼 누구나 자유롭게 장사를 할 수 있게 되자 전국에서 한양으로 모여드는 물품의 양은 더 많아졌고, 한양 시내뿐 아니라 외곽 지역에도 새로운 시장이 만들어졌어. 동대문의 이현, 남대문 밖의 칠패, 서울로 들어오는 길목인 송파 등이 대표적인 곳이었지. 이곳들은 오늘날에도 중요한 산업 중심지인데 조선 후기부터 이미 형성되기 시작했던 거야.

한양뿐 아니라 지방의 상업도 발달했어. 농민들이나 지방의 수공업자들은 쌀이나 채소, 농기구, 일용품 등 자신들이 생산한 물품을 서로 거래하기 위해 시장에 모여들었지. 또 시장은 세상에 대한 정보를 교환하는 장소이기도 했어. 보부상들이 여러 곳에 있는 시장들을 돌아다니면서 들은 이야기를 전해 주었거든. 지방의 시장은 처음에는 부정기적으로 열리다가 후에 일정한 주기로 열리는 정기 시장으로 발전했어. 정기 시장은 대부분 오일장이었는데, 그중 일부는 언제나 열리는 상설 시장으로 변했어. 이렇게 전국적으로 물품이 활발히 거래되면서 규모가 큰 상업 중심지가 발달했어. 상업 중심지는 주로 항구나 항구와 가까운 곳이었지. 도로 교통이 발달하지 않아 무겁거나 분량이 많은 물품은 주로 배를 이용해 운반되었기 때문이야.

상업 중심지에는 객주나 여각이라는 상업 시설이 있었어. 그 지역의 사정을 잘 아는 상인들이 운영했는데, 다른 곳에서 온 상인들의 물건을 맡아서

대신 팔아 주었어. 또 먼 길을 오가는 상인들을 재워 주기도 하고, 물품을 보관해 주었으며 필요한 돈을 빌려주기도 했지. 물건을 보관해 줄 때에는 그 물건을 맡아 가지고 있다는 증명서를 써 주기도 했어. 이를 어음이라고 하는데 신용이 좋은 객주나 여각이 발행한 어음은 전국적으로 유통되었어.

대상인의 성장

상업이 발달하고 물품이 전국적으로 이동하면서 충청도 강경, 전라도 전주, 경상도 대구, 안동과 마산, 황해도 은파, 함경도 원산, 강원도 평창(대화) 등이 상업 중심지로 유명해졌어. 또 특정 지역이 아니라 전국을 무대로 대규모 거래를 하는 상인도 생겨났지. 그중 유명한 대상인은 경강상인, 송상, 내상, 만상, 유상 등이었어. 경강상인은 한양을 끼고 흐르는 한강을 무대로 활동한다고 해서 그렇게 불렸는데, 한강을 통해 한양으로 들어오는 물품을 주로 취급했어. 송상은 개성에 근거지를 둔 상인을 말하는데, 조선 시대에 개성은 송도라고 불리기도 했기 때문이야. 내상은 동래의 상인이었는데 주로 일본과의 무역에 종사했어. 중국과 접한 의주의 상인은 만상이라 했는데 의주의 옛 이름이 용만이기 때문이야. 그리고 평양의 상인은 유상이라 했는데 평양 대동강변에 버드나무가 많아서 버드나무 '유(柳)'자를 써서 그렇게 부른 거야. 만상과 유상은 청나라와 무역하는 상인이었지. 대상인들 중 송상은 인삼을 가공한 홍삼을 주로 취급했는데, 전국 각지에 지점을 두고 만상이나 유상과 내상을 서로 연결시켜 주었어. 송상의 활동으로 청과 일본의 물품이 조선에서 거래될 수 있었단다.

전국적으로 상인들 사이의 물품 거래가 활발해지자

조선의 무역

조선에서 처음으로 널리 쓰였던 상평통보라는 화폐야. 숙종 때 만들어져 조선 말기까지 쓰였어.

무역품

청나라
수출: 인삼, 종이, 가죽, 무명 등
수입: 비단, 약재, 서적, 모자, 말 등

일본
수출: 인삼, 쌀, 무명 등
수입: 구리, 은, 유황 등

*개시: 무역이 이루어지는 시장

화폐가 필요하다는 생각을 하게 되었어. 이전에는 물물 교환 형식으로 서로 거래하였고, 물건을 사고팔 때 쌀이나 베 등 누구나 그 가치를 인정할 수 있는 물건이 화폐 역할을 했어. 하지만 거래 규모가 커지면서 무겁고 부피가 큰 쌀이나 베로는 감당하기 어려워진 거지. 이에 정부에서는 구리로 만든 상평통보를 발행해서 보급했어. 상평통보가 널리 이용되면서 상업은 더 발달하게 되었어.

국내 상업 못지않게 외국과의 무역도 활발히 이루어졌어. 전쟁이 끝난 후 청이나 일본과 관계가 회복되고 사신이 자주 오가게 되었기 때문이야. 청이나 일본에 가는 사신을 따라간 상인들은 현지에서 직접 물건을 사고팔았어. 또 국경 지역에서는 두 나라 상인들이 거래를 했지. 평안도 의주나 함경도 회령과 경원은 청나라와의 무역, 경상도 동래는 일본과의 무역 중심지였어. 조선은 청으로부터 비단과 약재, 모자, 서적, 말, 일용품 등을 수입하였고 인삼과 종이, 가죽, 무명 등을 수출했어. 일본에는 인삼, 쌀, 무명 등을 수출하고 구리와 은, 유황 등을 수입했어. 특히 인삼은 일본이나 청의 상인들이 많이 찾았던 중요한 수출품이었어.

수공업과 광업

농업과 상업이 발달하면서 사람들의 생활 수준이 높아졌어. 이에 따라 수공업 제품을 사려는 사람들이 많아져 수공업이 발달하게 되었지. 대동법의 영향도 컸어. 나라에 필요한 물품을 대 주는 공인들이 대규모로 물품을 주문하거나 직접 수공업자들을 고용해서 만들게 되었어. 수공업자들에게 원료와 품삯을 먼저 주고 생산한 물품을 사들였던 거야. 또 나라에서는 무기

나 그릇 등을 한꺼번에 많이 만들 필요가 있거나 대규모 건축 사업을 벌일 때에, 기술자들을 직접 고용해서 일을 시키기도 했어. 이처럼 찾는 곳이 많아졌기 때문에 수공업이 더욱 발달했지.

지방에 시장이 발달하고 수공업 제품에 대한 수요가 늘어나자 기술자들은 직접 물건을 만들어 팔기 시작했어. 비슷한 기술을 가진 기술자들끼리 모여 마을을 이루고 물건을 만들었는데, 경기도 안성과 평안도 정주는 놋그릇을 잘 만들기로 유명했어. 특히 안성에서 만든 놋그릇은 품질 좋기로 유명했지. 이 때문에 잘 만든 물건을 두고 '안성맞춤'이라는 말이 생겨났어. 안성에서 만든 놋그릇처럼 그릇과 뚜껑이 서로 잘 들어맞는다는 뜻이야.

상업이 발달하고 외국과 무역 규모가 커지면서 은을 캐는 광산이 널리 개발되었어. 왜 은이 필요했을까? 청과 무역을 하기 위해서였어. 청나라 사람들은 은을 화폐로 사용하고 있었거든. 처음에는 은이 많이 나오는 일본에서 수입한 은으로 청의 비단과 서적을 사들이고, 이걸 다시 일본에 팔아 중간에서 이익을 많이 남겼어. 그런데 청이 일본과 직접 교역을 하면서 일본에서 수입되는 은이 부족해지자, 은 광산을 적극적으로 개발하게 된 거야. 평안도 자산과 함경도 단천 등이 은의 생산지로 유명했어. 또 상평통보를 만들거나 대포 등 무기를 만드는 데 필요한 구리를 캐는 구리 광산도 개발되었지. 조선 전기에는 농업에 방해가 된다는 이유로 나라에서 광산을 직접 관리하였고, 개인적으로는 광물을 캐지 못하게 했어. 그러다 광물에 대한 수요가 늘어나면서 점차 개인이 광산 개발하는 것을 인정해 주고, 대신 세금을 거두게 되었어.

인물 탐구

의주 상인 임상옥은 어떤 사람이었나요?

의주에서 장사를 하는 임상옥은 대대로 상업에 종사하는 집안 출신으로 17살 때부터 장사와 무역을 배웠어. 그는 주로 홍삼을 거래했는데, 홍삼은 인삼을 쪄서 말린 것으로 약효가 높아 청나라에서 비싼 값으로 팔렸지.

어느 해에 임상옥은 많은 양의 홍삼을 청에 가지고 가서 팔려 했지만 팔리지 않았어. 청나라 상인들이 가격을 내리려고 한통속이 되어 홍삼을 사지 않았던 거야. 당시에는 홍삼을 조선 상인이 직접 팔 수 없고, 청나라 상인에게 넘기면 청 상인이 일반인에게 팔아야 했어. 청 상인들은 홍삼을 계속 사지 않으면 임상옥이 할 수 없이 싼값에 넘길 것이라 생각했어.

이를 알게 된 임상옥은 가져온 홍삼을 거리에 쌓아 놓고 불을 질러 버렸어. 그러자 청 상인들은 크게 놀랐어. 홍삼을 다 태워 버리면 자기들도 장사를 할 수 없잖아. 당황한 청 상인들은 달려와 남은 홍삼을 모두 비싼 값으로 사겠다고 애원했어. 이렇게 해서 임상옥은 비싼 가격에 홍삼을 팔 수 있었어.

의주 상인 임상옥이 유명해진 것은 돈을 많이 벌었기 때문만은 아냐. 그는 재산을 풀어 가난한 사람들을 도와주었고, 평안도 지역에 물난리가 났을 때에는 어려운 사람들을 돕는 데에도 앞장섰어. 임상옥은 무역에도 재능이 있었지만 사회적 책임도 다했던 뛰어난 인물이었어.

생각 넓히기

1. 생각해 보기

두 번의 전쟁 이후에 안정된 삶을 꾸리려는 노력으로, 사람들은 모내기법으로 농사를 짓기 시작했어. 다음은 모내기법으로 농사를 짓는 모습이야. 그림에서 농부가 하는 질문에 대한 답을 생각해 보자.

모내기법으로 농사를 지으니 이렇게 좋은 점이 많군. 그런데 왜 이전에는 모내기법으로 농사짓지 않았을까?

모내기법으로 농사를 지으면 좋은 점:

_____

_____

이전에 모내기법으로 농사짓지 않은 이유:

_____

_____

2. 활동해 보기

다음은 조선 후기의 시장 모습을 그린 그림이야. 김준근이 그린 《기산풍속도첩》에 실려 있어. 그림을 보고 물음에 답해 보자.

✏️ 가게 3곳에 동그라미를 치고 어떤 물건을 파는 가게인지 가게 이름을 지어 보자.

_____

_____

_____

_____

✏️ 특별하다고 생각되는 곳에 동그라미를 치고 그 이유를 써 보자.

_____

_____

14장 새로운 학문의 등장

여기는 조선 정조 때의 경기도 어느 시골 마을이야. 한 선비가 다 쓰러져 가는 집을 바라보며 서 있어.
그런데 가슴을 부여잡고 눈물을 흘리는 걸 보니, 뭔가 슬픈 일이 있는 것 같아.
저 선비는 누구이고, 왜 저렇게 슬퍼하고 있는 걸까?

질문 있어요!

저기, 궁금한 게 있어요!

무엇이든 물어보세요!

먹을 게 하나도 없어 벌써 며칠째 굶고 있어요. 농사라고 지어 봐야 나라에서 다 빼앗아 간다고요!

그건 지방을 다스리는 관리들이 나쁜 사람이라 그래요. 백성들에게서 터무니없이 많이 빼앗아 가는 거지요.

우린 이렇게 살 수밖에 없나요? 전에는 이렇지는 않았는데…!

나라가 어지러워지면서 지방을 다스리는 탐관오리들은 백성들의 피땀을 쥐어짜서 자기 배를 불리는 일에 열심이었어. 나라에서는 이를 막으려고 암행어사를 보내기도 했지만, 백성들의 삶은 나아지지 않았어.

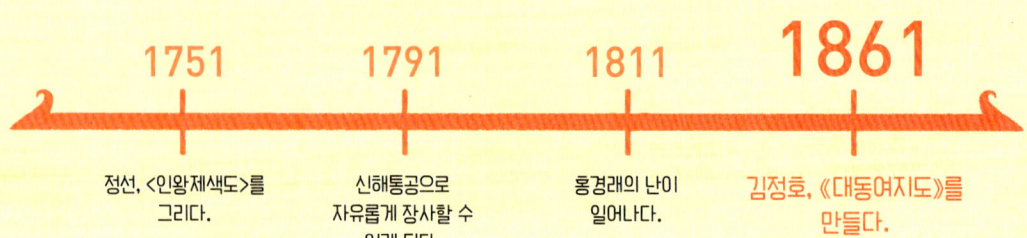

| 1751 | 1791 | 1811 | **1861** |

정선, 〈인왕제색도〉를 그리다.

신해통공으로 자유롭게 장사할 수 있게 되다.

홍경래의 난이 일어나다.

김정호, 《대동여지도》를 만들다.

실학의 등장

조선은 유교 이념을 기본으로 하여 나라를 세웠고, 그중에서도 특히 성리학을 가장 중요하게 여겼어. 성리학의 명분론에 따라 왕과 신하, 백성들 모두 각자의 본분과 역할에 충실할 것을 강조했지. 임진왜란과 병자호란을 겪은 후에는 성리학에 대한 관심이 더 높아졌어. 전쟁으로 어지러워진 사회 질서를 회복하고 나라의 이념을 바로 세우기 위해 성리학을 더 강조하게 된 거야. 그렇지만 성리학만 중시하게 되면서, 나라를 다스리는 데 필요한 실질적인 정책이나 과학 기술에 관한 지식보다는 예법 등의 이론 싸움에 빠지는 경우가 많아졌어. 전쟁이 끝난 뒤에 위기를 극복하고 사회 문제를 해결하기 위해서는 근본적인 개혁이 필요했지만, 이에 대한 구체적인 대책은 제대로 세우지 못했지. 그러면서 성리학을 만든 주자만이 옳고 다른 사람의 의견은 틀렸다는 생각이 깊어졌어. 그래서 주자의 의견과 다른 주장을 펴는 학자들을 심하게 비판하게 되었어.

이러한 학문적 분위기에 반발하여, 주자가 훌륭한 성인이기는 해도 무조건 주자의 의견만 따르는 것은 옳지 않다고 생각하는 학자들이 나타나기 시작했어. 스스로 고민하고 연구하여 이치를 터득해야 진짜 학문이라고 생각한 거야. 주자가 옛날에 말한 내용을 그대로 따라 하는 것만으로는 사회 체제를 개혁하고 새로운 질서를 세우기 어렵다는 거였지. 그래서 주자와 다른 주장을 하는 학자들이 생겨났어. 그들은 백성들의 생활을 이롭게 하기 위해

토지 제도, 신분 제도 등을 우리 실정에 맞게 바꿀 수 있는 방법을 연구해야 한다고 주장했어. 이런 주장을 한 사상가들을 실학자라고 하고, 이들의 학문적 태도를 실학이라고 해.

실학이 등장한 데에는 중국에서 들어온 양명학이라는 학문의 영향도 있었어. 양명학은 중국의 왕양명이라는 학자가 주자와 다른 방식으로 인간과 자연의 이치를 설명한 학문이야. 주자는 객관적인 진리나 사물의 이치가 따로 있고 뛰어난 몇 사람만이 이를 알 수 있다고 주장했어. 왕양명은 이를 비판하면서, 사람은 스스로 끊임없이 성찰하고 아는 대로 실천하면 누구나 진리를 깨달을 수 있다고 주장했지. 이처럼 양명학에서 주자와 다른 주장을 했기 때문에, 실학이 등장하는 데 영향을 미쳤던 거야.

또한 과학 기술도 실학의 등장에 영향을 미쳤어. 조선은 두 차례의 전쟁을 겪은 뒤에 발달된 과학 기술을 받아들이려 노력했어. 이때 중국을 통해 들어온 서양의 과학 기술이 큰 영향을 준 거야. 당시 서양 선교사들은 천주교를 전파하기 위해 자신들의 앞선 과학 기술을 중국에 소개하였는데, 북경을 오가던 조선의 사신들이 이를 접하고 들여왔어. 홍이포 같은 화포와 망원경, 자명종 등이 소개되었고 태양력을 적용한 새로운 역법도 도입되었지.

특히 지구가 둥글다는 사실이 알려지고 이를 반영한 지도가 전해지면서, 중국을 중심으로 세계를 이해하던 생각도 많이 바뀌었어.

조선에서는 벨테브레(박연)나 하멜 등 배가 난파되어 표류한 외국의 선원들을 자기 나라로 돌려 보내지 않고, 훈련도감에 소속시켜 서양식 대포와 조총을 만들도록 했어. 그중 하멜은 나중에 네덜란드로 돌아가 《하멜 표류기》를 지어 조선의 사정을 서양에 알리기도 했지. 서양 과학을 받아들이면서 사물의 이치를 보다 합리적이고 체계적으로 이해하게 되었고, 과학 기술에 대한 관심도 커졌어. 이처럼 실학은 실생활에 도움이 되는 학문을 스스로 깨우쳐 세우려는 분위기 속에서 생겨났고, 이러한 변화가 사회 제도 개혁과 기술 혁신에 대한 생각으로 이어졌단다.

> 조선 후기에 들어온 서양의 물건들이야. 천리경은 지금의 망원경처럼 멀리 볼 수 있는 기구인데, 천리 밖까지 볼 수 있다고 해서 붙여진 이름이야.

천리경

자명종

안경과 안경집

> 자명종은 알람 시계이고, 안경은 박제가나 정약용 등이 썼다고 해. 또 정조도 안경을 썼어.

실학자들의 주장

나라를 부강하게 만들기 위해 토지 제도를 바꾸어야 한다고 주장한 실학자로는 유형원과 이익을 들 수 있어. 실학의 선구자라고 할 수 있는 유형원은 농촌에 살면서 농민들의 생활을 지켜보았어. 그는 나라가 잘살려면 나라의 근본인 농민이 잘살아야 하는데, 농민이 땅을 갖지 못하는 것이 가장 큰 문제라고 생각했어. 그래서 모든 땅을 나라의 것으로 만든 다음에 농민들에게 골고루 나눠 주어 농사를 짓도록 해야 한다고 주장했어. 그리고 모든 세금은 토지 면적을 기준으로 부과해야 백성들의 생활이 안정되고 나라의 재정을 충실히 할 수 있다고 했지. 그 밖에도 그는 신분 제도, 과거 제도, 노비 제도의 문제점을 비판했어.

그 뒤를 이은 이익은 좀 더 현실적인 토지 제도를 주장했어. 이익은 농민들에게 일정한 면적의 땅을 나눠 주고, 절대로 팔지 못하게 해야 한다고 했어. 먹고사는 데 꼭 필요한 최소한의 땅을 농민들이 잃지 않도록 하려는 거였지. 또 양반들도 농사를 짓게 하고 과거 시험 횟수를 줄여 과거 합격자를 줄여야 한다고 했어. 그건 당쟁을 막기 위한 방법이었어. 관직의 숫자는 제한되어 있는데 과거 합격자가 너무 많아, 자리를 차지하기 위한 양반들 사이의 경쟁이 당쟁을 심하게 만들었다고 생각한 거야. 이익의 주장은 이후의 많은 학자들에게 영향을 주었단다.

나라를 부강하게 만들기 위해서는 농업을 중시하여 토지 제도를 개혁해야 한다고 주장한 실학자들도 있었지만, 상공업을 발달시켜야 한다고 주장한 실학자들도 있었어. 병자호란이 끝난 후에 조선은 청에 힘으로 굴복당하기는 했지만, 문화적으로는 조선이 더 우수하다는 생각을 가지고 있었어. 하지만 정세가 안정되고 청에

보내는 사신 일행인 연행사가 자주 오가면서 청의 실제 모습을 볼 수 있는 기회가 늘어났어. 당시 청은 명의 문화를 계승하였을 뿐만 아니라, 서양 학문도 받아들여 여러 분야의 학문이 발달하고 있었거든. 그러면서 청을 오랑캐의 나라라고 깔보기보다는, 청의 발달한 문화와 기술을 받아들여 부강한 나라를 만들어야 한다는 새로운 학풍이 생겨났지. 이런 학풍을 북학이라고 해. 청나라가 조선보다 북쪽에 있었기 때문에 청나라를 배우자는 것을 북학이라고 부른 거야. 그리고 이런 주장을 한 실학자들을 북학파라고 해.

북학파의 대표적인 실학자로는 홍대용을 들 수 있어. 홍대용은 청에 가서 서양의 천문 지식을 공부하여 지구가 둥근 모양이며 스스로 돌고 있다고 주장했어. 지금이야 당연한 이야기지만 그 당시에는 굉장히 놀라운 생각이었지. 홍대용은 둥근 지구에서는 어느 나라든 중심이 될 수 있으므로, 청나라를 오랑캐로 생각하지 말고 그 문화를 적극적으로 배워야 한다고 했어. 청의 발전된 모습을 따라잡기 위해 벽돌과 수레를 사용할 것, 외국과 무역을 할 것 등을 주장했어. 홍대용은 지구뿐 아니라 다른 별에도 사람과 같은 생명체가 살 수 있다고까지 생각했단다.

그 밖에 유수원은 잘 팔리는 농작물을 적극 재배해야 한다고 주장했어. 농사만 지어서는 나라가 발전할 수 없으니, 상업과 수공업을 적극 발전시켜야 한다고 생각한 거야. 또 박지원과 박제가는 수레와 배의 이용을 늘리고 집을 지을 때 벽돌을 사용해야 하며, 상업과 국제 무역을 장려

이게 내가 만든 혼천의야. 하늘을 관측할 수 있는 기구지. 관찰해 보면 지구는 둥글며 스스로 돌고 있다는 걸 알 수 있다고!

홍대용

쟤 미친 거 아니야?

해야 한다고 주장했지. 이러한 북학파의 주장 중에서 기술에 대한 것들은 정조의 정책에 일부 반영되기도 했어. 수원 화성을 쌓을 때 무거운 건축 자재를 들어 올리기 위해 거중기를 만들어 사용하였고, 벽돌을 사용해서 중요한 건물을 짓기도 했어.

실학을 집대성한 정약용

앞에서 토지 제도를 개혁하자고 했던 이익에 대해 얘기했지? 정조 때 활동한 정약용도 이익의 영향을 받아 토지 제도를 개혁하자고 주장했어. 개인의 토지 소유는 인정하면서도, 효율성을 높이기 위해 농사를 지을 때에는 공동으로 작업하자고 제안했어. 공동으로 함께 농사를 짓고 생산된 곡식은 나누어 갖자는 거였지. 그리고 농토 이외에 산과 바다에서 생산되는 목재나 어물, 해초 등 모든 상품에 세금을 매겨, 농민만 세금을 부담하지 않도록 고치자고 했어. 정약용은 토지 제도 개혁과 함께 사회 개혁도 주장했어. 과거 제

이 책이 나, 정약용이 지은 《목민심서》라는 책이야. 관리가 백성을 잘 다스릴 수 있는 방법을 적어 놓았어.

이것이 수원 화성을 지을 때 사용했던 거중기야. 내가 고안해 만들었지.

도를 바꾸어 능력이 있는 사람을 선발하고, 지방 제도도 바꾸어 전국 8도를 12개의 성으로 재편하자고 주장했지. 그가 제안한 지방 제도 개혁안은 오늘날의 지방 행정 구역과 비슷한 점이 많아. 정약용은 기술의 발달과 상공업 진흥을 강조한 북학 사상도 받아들였어. 그래서 이용감이라는 기구를 따로 두어 과학 기술을 발전시키고, 배나 수레의 크기와 도로의 폭을 규격화해야 한다고 주장했지. 청의 기술을 받아들이자는 거였어. 이처럼 정약용은 여러 학자들이 주장한 다양한 실학의 갈래를 하나로 모았어. 그렇게 해서 당시 조선에 꼭 필요한 개혁안들을 앞서서 제시했던 거야.

정약용은 천주교 신자라는 것 때문에 18년이나 유배 생활을 했어. 긴 유배 생활 동안에 여러 분야의 책을 썼는데, 그 양이 무려 500권이나 된단다. 그중 가장 유명한 책이 《목민심서》라는 책이야. 《목민심서》에는 지방 수령이 어떻게 해야 잘못을 저지르지 않고 백성들을 잘 다스릴 수 있는지 하는 방법이 담겨 있어. 당시 지방 수령들은 백성들을 잘 다스리기는커녕 횡포를 부리는 경우가 많았어. 정약용은 암행어사로도 활동했는데, 앞(200~201쪽)에서 보았던 것이 경기 지방을 돌아볼 때의 모습이야. 탐관오리들에게 시달리며 어렵게 살아가는 백성들을 보면서 마음이 아파 눈물을 흘렸던 거야. 정약용은 암행어사로, 또 지방 관리로 근무하면서 백성들의 어려움을 잘 알았기 때문에, 백성들의 어려움을 덜어 주기 위해 《목민심서》를 썼지. 정약용은 그 밖에도 《경세유표》, 《흠흠신서》 등의 중요한 책을 남겼어. 《경세유표》는 나라 전체를 개혁하는 방안에 관한 책이고, 《흠흠신서》는 백성이 억울한 일을 겪지 않도록 형벌을 잘 처리하는 것에 관한 책이야.

우리 것에 대한 연구

실학의 등장과 함께 우리 것에 대한 연구도 활발해졌어. 두 차례의 전쟁, 특히 병자호란을 겪고 난 후 새롭게 문물제도를 정비하는 과정에서 우리 문화와 역사, 산천에 대한 관심이 높아진 거야. 그 이전까지는 가장 수준이 높고 세련된 문화를 가진 나라로, 조선이 모범으로 삼아야 한다고 생각했던 나라는 명이었어. 그런데 명이 멸망하고 나자, 명의 문화를 이어받은 조선이 오랑캐인 청보다 수준 높은 문화를 간직하고 있다고 생각하게 된 거지.

이처럼 우리 문화에 대한 관심이 높아지면서 우리 역사를 연구하는 학자가 늘어났어. 한백겸은 삼한을 비롯한 고대 국가의 위치를 고증하여 정하였고 가야의 역사를 복원했어. 유득공은 그동안 잘 알려지지 않았던 발해의 역사를 기록한 《발해고》를 편찬했고, 통일 신라와 발해가 같이 있었던 시기를 남북국 시대로 불러야 한다고 했지. 발해가 고구려를 계승한 나라였으므로 우리 역사에 포함해야 한다는 거야. 이긍익은 조선의 역사를 사건별로 정리한 《연려실기술》을 지었는데, 역사적 사실에 대한 많은 자료를 모아 다양한 관점에서 이해할 수 있도록 했어. 영조 때에는 우리나라 역대 국가들의 제도와 문물을 정리하는 작업이 국가사업으로 추진되어 《동국문헌비고》를 편찬했어. 역사에 대한 관심이 높아지면서 오래된 비석 등에 새겨진 글자인 금석문 연구도 활발해졌어. 김정희는 북한산에 있는 비석이, 신라 진흥왕이 점령한 지역을 돌아보고 직접 세운 진흥왕 순수비라는 사실을 밝혀내기도 했어.

우리 문화와 역사 연구가 활발해지면서 우리 땅에 대한 관심도 높아졌어. 신경준은 《강계고》를 써서 우리나

> 유득공이 지은 《발해고》야. 발해 역사를 담고 있어.

라의 전체 지형과 각 지역의 지리적 특성을 알렸고, 이중환은 각 지역의 인문 지리적 특징을 설명한 《택리지》를 남겼어. 정약용은 우리나라 전체의 산과 강의 유래와 위치, 관련된 역사적 사실에 대한 많은 자료를 모아 《강역고》를 편찬했지. 국어 연구도 활발해졌어. 최석정은 훈민정음과 한자의 소리를 그림으로 나타내 이해하기 쉽게 하였고, 유희는 훈민정음이 세상의 모든 소리를 다 적을 수 있는 우수한 표음 문자임을 밝혀냈어.

전쟁 후에 나라를 지키기 위한 대책이 세워지고 상업 발달로 화물 이동이 활발해지면서, 상세한 지도가 많이 필요해졌어. 정상기는 전국 팔도의 도별 지도와 전국 지도를 만들었는데 백리척이라는 기준을 적용했어. 백리척이란 100리의 거리를 1척에 맞추어 그린 거야. 일정한 축척을 적용하면서 보다 정확한 모습으로 땅의 모습을 표현할 수 있게 되었지. 김정호는 이러한 지도 제작 방법을 이어받아 훨씬 더 정교한 지도를 만들었어. 그가 만든 《여지도》와 《대동여지도》는 10리마다 눈금을 표시하여 지역 사이의 거리를 쉽게 알 수 있게 했고, 각종 시설물을 기호로 표기하

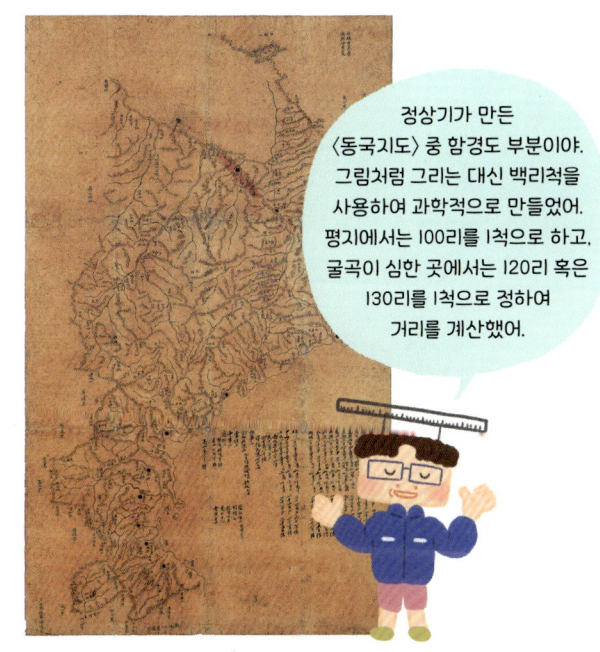

정상기가 만든 〈동국지도〉 중 함경도 부분이야. 그림처럼 그리는 대신 백리척을 사용하여 과학적으로 만들었어. 평지에서는 100리를 1척으로 하고, 굴곡이 심한 곳에서는 120리 혹은 130리를 1척으로 정하여 거리를 계산했어.

김정호가 만든 우리나라 전국 지도인 《대동여지도》야. 1:16만 정도의 축척 지도에 해당한다고 해. 요즘 사용하는 지도와 거의 차이가 없을 정도로 정확하게 표현되어 있어.

여 별도의 설명 없이도 한눈에 알아볼 수 있도록 했어.

　이와 같이 우리글과 우리 역사가 깊이 연구되고 정확한 지도가 만들어지면서, 사람들은 우리 문화를 더 깊이 알게 되고 소중하게 여기게 되었어. 이러한 태도는 후대에 외세의 침략을 받았을 때, 우리나라와 문화를 지켜야 한다는 생각으로 발전하게 된단다.

실학자 박지원은 어떤 사람이었나요?

조선 후기의 대표적 실학자인 박지원은 43살 되던 해에 중국에 가는 사신의 수행원으로 청나라 북경에 가게 됐어. 이때 청나라의 발전된 모습과 북경의 화려한 풍경을 볼 수 있었지.

박지원은 청나라에서 보고 들은 것들을 기록하여 《열하일기》라는 책을 펴냈어. 여기에는 벽돌을 써서 집을 지으니 비용도 적게 들고 튼튼하다는 것, 수레의 크기나 바퀴 사이의 간격을 법으로 정해 놓으니 고장이 나도 부품을 바로 구할 수 있어 쉽게 수리할 수 있다는 것, 또 물자의 수송량을 파악하기에도 편리하다는 것 등이 상세히 기록되어 있어.

박지원은 《열하일기》를 통해 조선이 빨리 청의 선진적인 기술 문명과 상업 제도 등을 받아들여 부유한 나라가 되어야 한다고 말하려 했어. 이 밖에도 《양반전》과 《허생전》 등의 소설을 통해, 나라의 발전을 위해서는 적극적인 상업과 경제 활동이 필요하고 허례허식을 버려야 한다는 점을 강조했지.

낡은 생각을 버리고 선진 문물을 받아들여야 한다는 내용의 《열하일기》는 그 당시 널리 읽혔고 박지원의 생각도 널리 퍼졌어. 수원 화성을 지을 때 청을 통해 들어온 서양의 과학 기술을 이용한 것이나 중요한 건물을 벽돌로 지은 것이 대표적인 사례라 할 수 있을 거야.

그 당시로서는 선구적인 인물이었군요!

생각 넓히기

1. 생각해 보기

실학자들은 나라가 부강해지려면 농민이 잘살아야 한다고 생각했어. 그래서 토지 제도의 개혁이 필요하다고 주장했지. 다음은 여러 실학자들의 토지 개혁에 대한 주장이야. 다음 중에서 가장 마음에 드는 것은 어떤 것이고, 그 이유는 무엇인지 생각해 보자.

- 모든 땅을 나라가 소유하고, 농민들에게 땅을 골고루 나눠 주어서 농민들이 농사를 지을 수 있도록 해야 한다. —  유형원
- 집집마다 일정한 면적의 땅을 나눠 주고, 먹고살기 위해 꼭 필요한 땅은 팔지 못하게 해야 한다. 또 양반들도 농사를 짓게 해야 한다. —  이익
- 마을 사람들이 모두 함께 농사를 짓고, 일한 만큼 나눠 가지게 해야 한다. —  정약용

2. 활동해 보기

다음은 조선 시대에 사용된 〈천하도〉와 〈곤여 만국 전도〉라는 지도야. 두 지도의 차이점이 무엇인지 찾아서 써 보자. 또 〈곤여 만국 전도〉가 들어오면서 사람들의 생각이 어떻게 변했을지도 추측하여 써 보자.

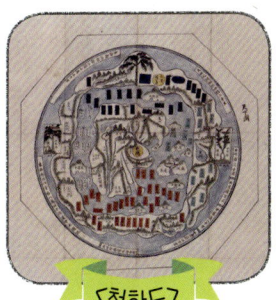 〈천하도〉

 〈곤여 만국 전도〉

15장 문화와 예술의 변화

여기는 황해도 지역의 어느 마을 장터야. 사람들 사이에서 탈춤 공연이 한창이네.
많은 사람들이 둘러앉아 웃고 있어. 그런데 양반들이 웃음거리가 되고 있는 것 같아.
감히 양반을 조롱하는 이런 공연을 해도 괜찮은 걸까?

질문 있어요!

저기, 궁금한 게 있어요!

무엇이든 물어보세요!

탈춤은 언제 봐도 재미있어요! 탈춤은 언제부터 생겼나요?

탈춤은 아주 옛날부터 있었어. 조선 시대에도 처음에는 특별한 행사 때에만 탈춤 공연을 했는데, 후기에 들어서면서 민간에서도 탈춤 공연을 하기 시작했어.

그런데 양반님네를 이렇게 놀려도 되는 건가요?

오예-!

신분 사이의 이동이 잦아지면서 양반의 수가 늘어났고, 이에 따라 질 낮은 양반들이 나타나기 시작했어. 그러자 이런 양반들을 풍자하고 사회를 비판하는 내용이 많아지게 되었단다.

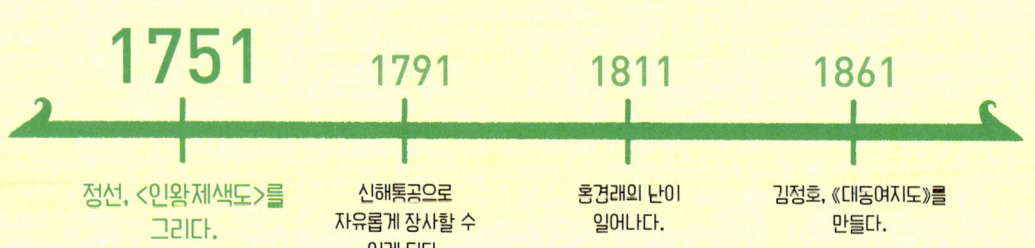

1751 정선, <인왕제색도>를 그리다.

1791 신해통공으로 자유롭게 장사할 수 있게 되다.

1811 홍경래의 난이 일어나다.

1861 김정호, 《대동여지도》를 만들다.

한글 소설의 등장

조선 후기에는 문화와 예술 분야에서도 여러 가지 변화가 일어났어. 그중에서도 가장 큰 변화는 백성들이 문화와 예술의 주인공으로 등장했다는 거야. 그 이전까지는 양반들이 문화와 예술을 독차지하였고, 백성들은 그걸 즐길 만한 여유가 없었지. 하지만 조선 후기에 들어 농업과 상공업이 발달하여 경제적으로 여유가 생기고 신분제가 흔들리면서, 중인이나 평민들도 문화와 예술에 관심을 갖게 되었어. 부유해진 중인이나 평민들이 문학이나 미술, 공연을 즐기게 되면서 널리 알려지지 않은 작가나 화가, 연주자들의 활동이 늘어났어. 사회가 변화하면서 양반 중심의 양반 문화에서 서민 중심의 서민 문화로 변화가 일어난 거야.

우선 우리말로 된 한글 소설이 등장한 것이 대표적이야. 허균이 지은 《홍길동전》은, 둔갑술 등 도술과 무예에 뛰어난 주인공 홍길동이 서얼에 대한

차별을 극복하고 새로운 나라를 세운다는 내용이야. 당시의 신분제 사회에 대한 비판을 담고 있다고 볼 수 있지. 높은 벼슬을 한 김만중도 《사씨남정기》와 《구운몽》이라는 한글 소설을 남겼어. 이 밖에도 《콩쥐팥쥐전》, 《심청전》, 《흥부전》, 《춘향전》 등의 소설이 유행했어. 대부분이 착한 사람은 복을 받고 나쁜 사람은 벌을 받는다는 권선징악과 남녀 간의 사랑 이야기를 다룬 소설이었어.

한글 소설이 인기를 끌자 돈을 받고 책을 빌려주는 가게도 생겨났어. 또 여러 사람을 모아 놓고 책을 읽어 주는 사람도 생겼지. 이들을 전기수라고 해. 왜 그런 사람이 필요했냐고? 책을 읽고 싶어도 글을 모르는 사람이 많았기 때문이야.

한글 소설은 아니지만 박지원은 한문으로 된 《허생전》을 써서 나라가 발전하려면 상업과 무역도 필요하다는 점을 강조했어. 또 양반을 돈으로 사고파는 세태와 양반의 허례허식을 풍자한 《양반전》, 양반층의 위선을 폭로한

《호질》 등의 작품을 통해 당시 사회의 문제점을 날카롭게 비판했지.

중인과 평민들은 문학 작품을 읽는 것뿐만 아니라 직접 작품 활동에도 참여했어. 특히 무역이나 의술 등을 통해서 재산을 모은 중인들이나 서얼들의 활동이 활발했어. 이들은 함께 모여서 시를 짓고 서로 평가하는 모임을 만들었는데, 높은 벼슬에 있는 양반들이 함께 참여하는 경우도 많았어. 물론 양반들은 여전히 어려운 한문으로 한시를 짓고 글을 썼어. 하지만 그 이전까지 문화를 누리지 못했던 중인이나 평민들이, 적극적으로 글을 짓고 그림을 그리고 공연에 참여하는 등 문화 활동에 활발히 참여하기 시작한 것은 중요한 변화라고 할 수 있단다.

진경산수화의 유행

그림에도 새로운 경향이 생겨났어. 진경산수화라는 그림 양식이 유행하게 된 거야. 진경산수화란 '조선의 산천을 직접 보고 그린 그림'이라는 뜻이야. 자연을 있는 그대로 보고 그리는 게 당연하지, 그게 뭐가 새로운 경향이냐고? 그 이전까지 산수화는 주로 중국 그림을 모방해서 그렸어. 그러다 보니 그려진 것이 우리나라의 산천이 아니라 대부분 중국의 산천이었지.

왜 그랬을까? 조선 전기까지는 중국, 즉 명의 문화가 가장 중요하며 우수하다고 믿었어. 그래서 그림도 중국 그림을 모방해서 그렸던 거야. 꿈속에서 본 이상적인 세계를 그린 〈몽유도원도〉나 선비의 달관한 모습을 그린 〈고사관수도〉는 그 자체로는 아주 훌륭한 그림이야. 하지만 〈몽유도원도〉에 나타난 신비한 산과 구름은 조선에서 볼 수 있는 산이 아니었고, 〈고사관수도〉에 그려진 선비의 모습은 조선의 선비와는 다른 중국 학자의 모습이었

안견의 〈몽유도원도〉(위)와 강희안의 〈고사관수도〉(아래)야. 조선의 자연과 사람이 아니라 중국의 자연과 사람을 그렸다는 것을 알 수 있어.

어. 남아 있는 그림 가운데 유명한 것들도 모두 중국의 산천을 그리거나 이상 세계를 표현한 거야. 이건 당시의 조선인들이 조선의 문화나 산천에 자부심이 없었기 때문이 아니야. 중국의 수준 높은 문화를 중요하게 여겼고, 조선도 그 정도 수준은 된다고 생각해서 중국 그림을 따라 그렸던 거야.

그런데 두 차례의 전쟁, 특히 병자호란은 조선에 정신적으로 큰 충격을 주었어. 문화 수준이 낮다고 얕보던 여진족이 세운 청나라 황제 앞에 국왕이 무릎을 꿇는 치욕을 당했던 것을 기억하지? 앞서 조선이 명나라를 섬겼던 것은 문화적으로도 우수하고, 나라가 어려울 때 군대를 보내 지켜 준 의리도 있었기 때문이었어. 그런데 청에게 조선이 굴복한 뒤에 명도 멸망하자, 조선의 학자들은 명도 없는 상황에서 수준 높은 문화를 조선이 지켜야 한다고 생각했지. 그래서 그 뒤로 조선의 학자들과 예술가들은 조선의 역사

와 제도, 문화, 산천, 풍습 등에 관심을 새로 가지게 되었던 거야.

이런 시각의 변화가 반영되어 조선의 산과 강을 있는 그대로 그리는 진경산수화가 나타나게 되었어. 진경산수화 중 가장 유명한 것이 〈인왕제색도〉와 〈금강전도〉야. 양반 출신이면서도 관청에 속한 화가인 화원이 된 정선이 그린 것인데, 인왕산과 금강산을 직접 눈으로 보고 그린 그림이라 생생함이 잘 느껴진단다.

우리의 것을 있는 그대로의 모습으로 그리려는 미술의 경향은 산이나 강, 바다와 같은 자연만 대상으로 한 것은 아니었어. 밭갈이를 하거나 집을 짓는 모습, 여럿이 모여서 일하거나 씨름 구경을 하는 모습 등 일반 서민들의 사는 모습을 그대로 그리려는 경향도 생겨났지. 이런 그림을 풍속화라고 해. 김홍도와 김득신, 신윤복 등이 풍속화

정선의 〈인왕제색도〉(위)와 〈금강전도〉(아래)야. 조선의 인왕산과 금강산의 모습을 직접 보고 그린 그림이야.

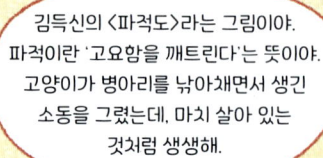

김홍도의 〈서당도〉야. 서당의 모습이 아주 사실적으로 그려져 있어.

김득신의 〈파적도〉라는 그림이야. 파적이란 '고요함을 깨트린다'는 뜻이야. 고양이가 병아리를 낚아채면서 생긴 소동을 그렸는데, 마치 살아 있는 것처럼 생생해.

신윤복의 〈주막〉이라는 그림이야. 주막을 찾은 손님들과 주모의 모습을 그렸는데, 손님들의 복장이 신분에 따라 아주 잘 묘사되어 있어.

효(孝)라는 한자를 그림으로 표현한 문자도야. 문자도는 누구나 지켜야 할 삼강오륜과 관련된 문자를 그림으로 표현한 거야. 이 문자도는 옛날에 어떤 효자가 부모를 위해 한겨울에 얼음을 깨고 잉어를 잡아다 드린 이야기를 나타낸 거란다.

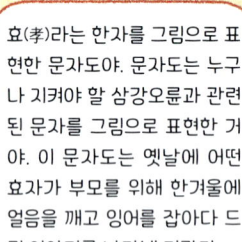

까치와 호랑이가 등장하는 민화야. 기쁜 소식을 전하는 까치가 앉아 있고 그 아래에 호랑이가 웃고 있어. 민화 속 호랑이는 이처럼 무섭지 않았어.

가로 이름을 날렸어.

서민들의 경제력이 향상되면서 서민들이 많이 찾는 민화도 널리 유행했어. 부유한 중인이나 농민들은 해와 달, 나무, 꽃, 동물, 물고기 등 친숙한 대상이 그려진 민화를 집에 장식하여, 장수와 출세, 행운과 복을 빌었지. 민화에 자주 등장하는 동물로는 까치와 호랑이가 있었는데, 까치는 기쁜 소식을 전해주는 길조이고 호랑이는 신의 역할을 대신하는 동물로 생각했어.

조선 후기에는 수공업이 발달하고 개인 공방을 갖춘 기술자들이 활발히 활동하면서, 실용적이고 간결한 공예품들도 다양하게 나타났어. 생활 수준이 높아진 중인이나 부유한 상인들을 중심으로 도자기를 찾는 사람이 늘어 백자 생산이 확대되었지. 이전에는 주로 궁중이나 몇몇 고위층만 사용하던 백자가 민간에도 널리 퍼진 거야. 순백자나 청화 백자도 생산되었지만, 특히 연적이나 필통 등 작은 문방 소품이 많이 만들어졌어. 목공예도 크게 발전했어. 정교하고 세밀한 기술이 필요한 나전 칠기나 화각 공예품, 문갑, 책상 등 문방구가 유행했어.

금강산 모양의 연적

조선 후기의 백자들이야. 연적, 필통 등 실용적인 자기들이 많이 생산되었어.

필통

경대

화장할 때 쓰는 경대야. 나전 칠기로 만들어졌어.

문화와 예술의 변화

공연 예술의 변화

상업의 발달로 시장에 모여드는 사람들이 늘어나면서 여러 사람이 함께 즐기는 볼거리도 늘어났어. 시장 마당이나 마을 한복판, 양반집 뜰과 같이 넓은 공간에서 판소리나 잡가, 탈춤 공연이 수시로 벌어졌지. 소리꾼이 혼잣말과 타령을 섞어 이야기를 전하는 판소리는 관중들도 함께 어울릴 수 있었어. 〈춘향가〉, 〈적벽가〉, 〈심청가〉, 〈토끼타령〉, 〈흥부전〉, 〈가루지기타령〉 등이 대표적인 작품이야. 일반 서민들뿐 아니라 양반이나 경제력 있는 사람들도 판소리를 즐겼고 후원자가 되기도 했어. 주로 서민층에서 불리던 노래인 잡가는 도회지의 평민들이 좋아했는데, 해학과 풍자성이 강한 노래였어. 〈새타령〉, 〈육자배기〉, 〈사랑가〉, 〈수심가〉 등이 있어.

또 여러 등장인물들이 나와서 노래와 춤, 대화로 이야기를 엮어 전달하는 탈춤도 크게 유행했어. 경상도 안동의 하회 탈춤과 통영 오광대놀이, 경기

〈평양도〉라는 그림에 나오는 판소리 공연 모습이야. 소리를 하는 소리꾼이 북 치는 고수와 함께 공연을 하고 있어.

도 양주의 산대놀이, 황해도의 봉산 탈춤과 강령 탈춤, 함경도 북청의 사자 춤이 널리 알려진 것들이지. 이 밖에 꼭두각시놀음 등 인형극도 유행했고, 천민 유랑 음악가들이 무리를 지어 각지를 떠돌아다니면서 풍물과 줄타기 등 각종 묘기와 재주를 보여 주는 사당패들의 활동도 늘어났어.

이러한 공연 예술의 노래나 대사에는 양반을 놀리거나 사회를 비판하는 내용이 많이 포함되어 있었어. 신분제가 흔들리면서 신분 간의 이동이 잦아지고, 특히 양반의 수가 늘어나면서 질 낮은 양반들이 많아지자 이들을 풍자하고 사회를 비판하는 내용이 늘어나게 된 거야. 앞(214~215쪽)에서 보았던 것이 황해도 봉산 지방에 전해 내려오는 봉산 탈춤의 한 장면이야. 하인인 말뚝이가 양반과 선비를 놀려먹는 모습을 잘 보여 주고 있어. 대부분이 서민인 관객들은 이런 공연을 함께 즐기면서 현실의 어려움을 잠시 잊기도 하고, 자연스럽게 사회의 여러 문제점을 알게 되기도 했단다.

황해도 봉산 지방에 전해 오는 봉산 탈춤이야. 탈춤은 양반을 풍자하거나 사회를 비판하는 내용이 많았어.

인물 탐구

천재 화가 김홍도는 어떤 그림을 그렸나요?

조선 후기에는 풍속화가 유행했어. 등짐을 지고 장에 오가는 사람들, 대장간에서 일하는 기술자들, 집 짓는 일을 하는 사람들처럼 서민들이 생활하는 모습을 있는 그대로 그려 낸 것이 풍속화인데, 당대에 가장 뛰어난 풍속화가로 손꼽히는 인물이 김홍도였어.

김홍도는 나라의 공식적인 그림을 그리는 일을 맡은 도화서의 화원이었는데, 어려서부터 솜씨가 뛰어나다는 평가를 받았어. 29세인 1773년에는 당시 임금인 영조와 세손인 정조의 초상화를 그릴 정도로 실력을 인정받았지. 임금의 초상화는 경험이 많은 화원이나 그릴 수 있었거든.

김홍도의 〈금강산 총석정〉

김홍도의 〈씨름〉

정조가 왕위에 있는 동안에는 임금의 초상화를 주로 그렸지만 산수화나 인물화를 모두 잘 그렸어. 나라의 중요한 행사를 기록한 의궤에 들어가는 그림도 김홍도의 몫이었지. 김홍도는 정조의 명에 따라 금강산에 다녀와서 풍경을 그렸는데, 마치 직접 보는 것처럼 생생했어.

김홍도는 명승지나 초상화뿐 아니라 서민들의 생활 모습도 간략하면서 짜임새 있는 구도에 맞추어 그렸어. 그가 남긴 풍속화에는 농사, 집짓기 등 생업 관련 그림뿐 아니라 서당, 놀이, 씨름 등 일상 모습이 세밀하고도 재미있게 그려져 있어. 그래서 당시 생활상을 이해하는 데 많은 도움을 준단다.

앞으로 그림에 관한 모든 일은 김홍도에게 물으라!

정말 살아 있는 것처럼 생생하네요!

생각 넓히기

1  생각해 보기

다음은 조선 후기에 그림 분야에서 나타난 변화에 대한 설명이야. 이런 변화가 일어난 이유는 무엇인지 생각해 보자.

조선 후기에는 그림에서 진경산수화라는 새로운 화풍이 유행하게 되었다. 진경산수화란 조선의 산천을 직접 보고 그린 그림을 뜻하는 것이다. 그전까지는 주로 중국 그림을 모방하여 중국의 산천이나 풍경을 그렸지만, 후기에 들어서면서 조선의 산과 강을 있는 그대로 그리는 진경산수화가 유행하게 된 것이다.

_____
_____
_____

2  활동해 보기

조선 후기에는 공연 예술이 활발했는데, 그중에서도 탈춤이 크게 유행을 했어. 탈춤은 양반들을 놀리거나 사회를 비판하는 내용이 많았지. 다음은 봉산 탈춤의 한 장면인데, 하인인 말뚝이가 양반들을 놀려 먹는 모습이야. 이런 모습을 보면서 사람들은 어떤 생각을 했을지 써 보자.

쉬이~, 양반 나오신다! 양반이라니까 삼정승, 육판서, 이런 양반인 줄 아시나 본데, 아니오. 개잘량이라는 '양' 자에 개다리소반 '반' 자를 쓰는 이런 양반이라오.

_____
_____
_____
_____

# 16장 세도 정치와 민중의 저항

여기는 1812년 평안북도 정주에 있는 정주성이야. 전쟁이 일어났는지 한창 전투가 벌어지고 있어. 그런데 성안의 사람도 조선 사람들이고 공격하는 군인도 조선 군인들이네. 왜, 무슨 일 때문에 조선 군인들이 조선 사람들이 있는 성을 공격하는 걸까?

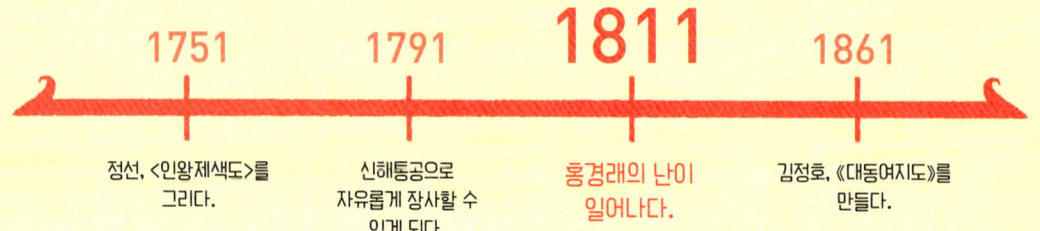

세도 정치의 성립

영조와 정조가 탕평 정치를 이끌면서 붕당 사이의 대립은 많이 줄어들었어. 특히 정조는 국왕의 권위를 세우고 모든 권력을 자신에게 집중시켰지. 정조 자신이 학문적으로도 우수하고 무예도 뛰어나 문무를 겸비했을 뿐만 아니라, 규장각과 장용영을 이용해서 왕권의 기반을 확실히 다져 놓았어. 그러나 정조 이후의 여러 왕들은 이러한 체제를 잘 이끌어 가지 못했고, 오히려 왕실의 외척들이 권력을 독점하게 되었어. 순조부터 헌종을 거쳐 철종에 이르는 60여 년 동안에 안동 김씨를 비롯한 외척들이 권력을 독차지하고 나라의 중요한 일을 이끌어 갔는데, 이를 세도 정치라고 해.

정조가 죽고 나서 뒤를 이어 순조가 12살의 어린 나이에 왕이 되었어. 그러자 외척들 사이에서 권력 다툼이 벌어졌고, 결국 순조의 장인인 김조순이 권력을 잡았지. 김조순은 안동 김씨 집안 출신으로, 규장각에서 공부하면서 정조와 가까워졌어. 정조는 유력한 집안 출신의 김조순이 학문적으로나 정치적으로 실력이 있었기 때문에, 일찍부터 아들 순조의 장인으로 정해 두고 있었어. 그러니까 김조순이 권력을 잡을 수 있었던 것은 정조의 덕이라고 할 수 있지.

순조 때에는 안동 김씨 집안이 권세를 누렸고, 헌종 때에는 헌종의 어머니가 풍양 조씨였기 때문에 그 집안이 잠시 힘을 가졌어. 그러나 헌종과 철종 모두 안동 김씨 집안 출신의 부인을 얻었기 때문에 안동 김씨 집안의 권세가 오래 유지되었어.

세도 정치가 행해지던 시기에는 안동 김씨 집안을 비롯한 몇몇 특별한 가문 출신들만 힘을 가졌어. 이들은 나라의 중요한 일을 의논하던 비변사에 모여서 모든 일을 자기들에게 유리하도록 결정하고 집행했어. 관리들을 임

명하는 일도 비변사에서 미리 다 결정하고 임금은 형식적으로 결재만 하도록 했지. 국방이나 재정 등에 관한 일들도 모두 비변사에서 처리했어.

권력을 차지한 몇몇 세도 가문의 사람들은 결혼도 자기들끼리만 하고 높은 벼슬도 자기들끼리 독차지했어. 지방의 힘없는 백성들은 물론이고 양반들도 과거에 합격해서 낮은 벼슬이라도 하려면 많은 뇌물을 바쳐야만 했지. 이렇게 해서 벼슬을 하게 된 사람들은 뇌물로 바친 비용을 건지기 위해, 백성들로부터 정해진 세금보다 더 많이 거두었어. 이 때문에 관리들의 부정부패가 심해지고 나라 전체가 어지러워졌어.

세도 정치 이전에 붕당끼리 다툼을 벌일 때에는 상대편에게 약점을 잡히지 않기 위해서라도 스스로 조심하려 했고, 탕평 정치 시기에 국왕의 힘이 강할 때에는 부정행위를 엄하게 다스릴 수도 있었어. 그러나 힘 있는 집안들이 지배하는 세도 정치 시기에는, 서로 감싸 주면서 부정과 불법이 널리 퍼졌고 이를 막을 수 없게 된 거야.

삼정의 문란

세도 정치 시기에 관리들의 부정부패가 심해지면서 나라에서 거두는 세금 체계가 어지러워졌어. 이를 '삼정의 문란'이라고 해. 삼정이란 '토지세와 군포, 환곡의 세 가지 세금'을 가리키는 말이야. 삼정의 문란이란 '세 가지 세금인 삼정이 어지러워졌다'는 뜻이지. 원래 조선 시대의 세금에 토지세와 군역, 공납이 있었다고 한 것을 기억하니? 그중에서 공납은 대동법으로 바뀐 이후에 큰 문제가 없었어. 하지만 토지세와 군역 대신에 내던 군포, 그리고 세금처럼 변해 버린 환곡은 문제점이 많았어. 하나씩 알아볼까?

먼저 토지에 매기는 세금인 토지세는 농사가 잘되는 땅인가 아닌가, 풍년인가 흉년인가에 따라 등급과 액수가 달랐어. 백성들의 형편에 따라 고르게 세금을 내게 하려는 뜻이었지. 하지만 힘이 있거나 부유한 사람들은 향리에게 뇌물을 주고 자기 땅의 등급을 낮추어 세금을 적게 냈어. 반면에 힘없고 가난한 사람들은 흉년이 들어도 세금이 면제되지 않는 일이 여기저기에서 벌어졌어.

군포는 균역법을 시행한 이후에는 규정상 성인 남자 1명이 1년에 베 1필만 내면 됐어. 하지만 지방마다 걷어야 할 세금 액수가 미리 정해져 있었기 때문에, 남자의 수가 줄어들어도 그 액수를 맞춰야 했지. 예를 들어 어떤 마을에서 걷어야 할 군포가 베 100필이라고 해. 그런데 돈으로 신분을 사서 양반이 되거나 다른 지역으로 도망친 사람이 있다면 어떻게 될까? 말도 안 될 것 같지만, 그 사람들 몫까지 남은 친척이나 이웃 사람이 대신 내야 했어. 이때 친척에게 대신 거두는 것을 '족징', 이웃 사람에게 대신 거두는 것을 '인징'이라고 해. 부패한 관리들은 군포를 더 거두기 위해 아직 어린아이들이나 늙어 죽은 사람들에게서까지 군포를 거뒀어. 원래 군포는 16세에서

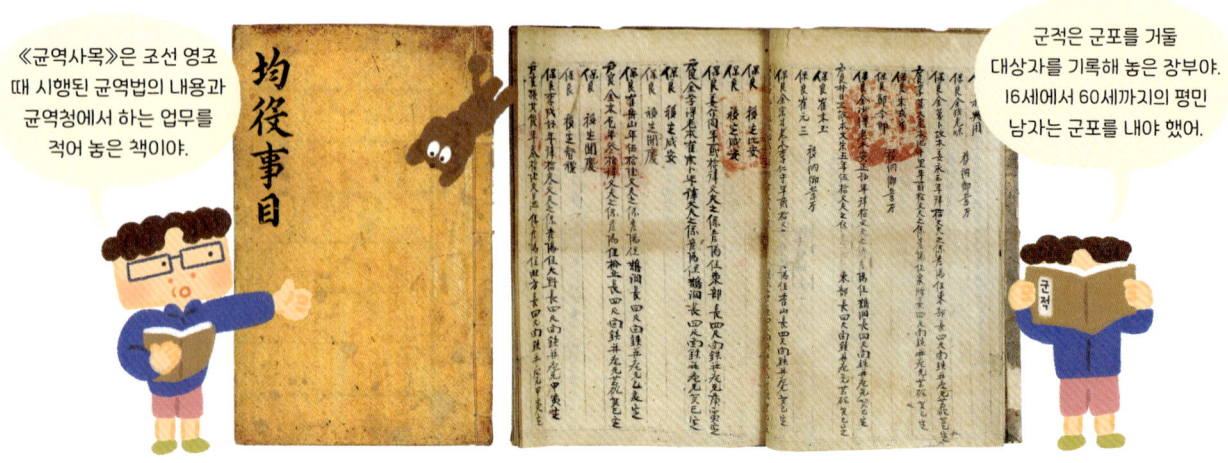

《균역사목》은 조선 영조 때 시행된 균역법의 내용과 균역청에서 하는 업무를 적어 놓은 책이야.

군적은 군포를 거둘 대상자를 기록해 놓은 장부야. 16세에서 60세까지의 평민 남자는 군포를 내야 했어.

60세까지의 성인 남자에게서 받는 거야. 그런데 16세는커녕 젖먹이 어린아이나 이미 죽은 지 오래된 사람에게서까지 군포를 거뒀던 거야. 어린아이나 죽은 사람이 어떻게 군포를 내겠니? 그러니까 그만큼 가족들의 고통이 심해질 수밖에 없었던 거지.

끝으로 가장 백성들을 힘들게 했던 것은 환곡이야. 원래 환곡은 봄에 종자나 식량이 부족할 때 나라에서 백성들에게 곡식을 빌려주고, 가을에 수확이 끝난 후 갚도록 한 제도였어. 그러다가 나중에는 가을에 돌려받을 때 이자를 받아 나라의 재정에 보태게 되었고, 이것이 세금처럼 변하게 되었지. 그런데 시간이 지나면서 이자가 늘어나 백성들의 부담이 점점 무거워졌어. 나라에서는 이자를 받기 위해 환곡을 받지 않으려는 백성들에게도 억지로 떠맡겼어. 또 전쟁이나 굶주림을 구제하기 위해 남겨 두어야 하는 곡식도 환곡으로 운영했어. 빌려줄 때에는 정해진 양보다 적게 주고 돌려받을 때에는 더 많이 받아 내는 등 불법도 많았지. 심지어는 곡물을 빌려주지도 않고 그냥 이자만 내게 하는 일도 있었단다.

나라에서는 이런 문제를 바로잡기 위해 암행어사를 자주 파견했지만 소

용이 없었어. 앞에서 얘기한 것처럼 뇌물을 바치고 벼슬을 얻은 지방 수령들은, 바친 뇌물 이상의 재산을 얻기 위해 백성들로부터 세금을 더 많이 거두었어. 그런 수령이나 향리들은 세도 가문 출신이거나 이들과 같은 패거리였기 때문에, 근본적인 개혁은 애초부터 불가능했던 거야. 결국 백성들의 부담만 커져 갔어.

세도 정치에 대한 불만과 농민들의 봉기

세도 가문이 권력과 경제력을 독차지하고 삼정의 문란으로 지방에 대한 수탈이 심해지면서, 가난한 농민들의 삶은 더욱 어려워졌어. 여기에 더해서 여러 차례의 흉년이 들고 전염병이 돌아 많은 사람들이 굶어 죽거나 병들어 죽었지. 살기 힘들어진 농민들은 스스로 노비가 되거나 떠돌이 생활을 했어. 또 광산 노동자가 되거나 두만강과 압록강을 건너가기도 했어.

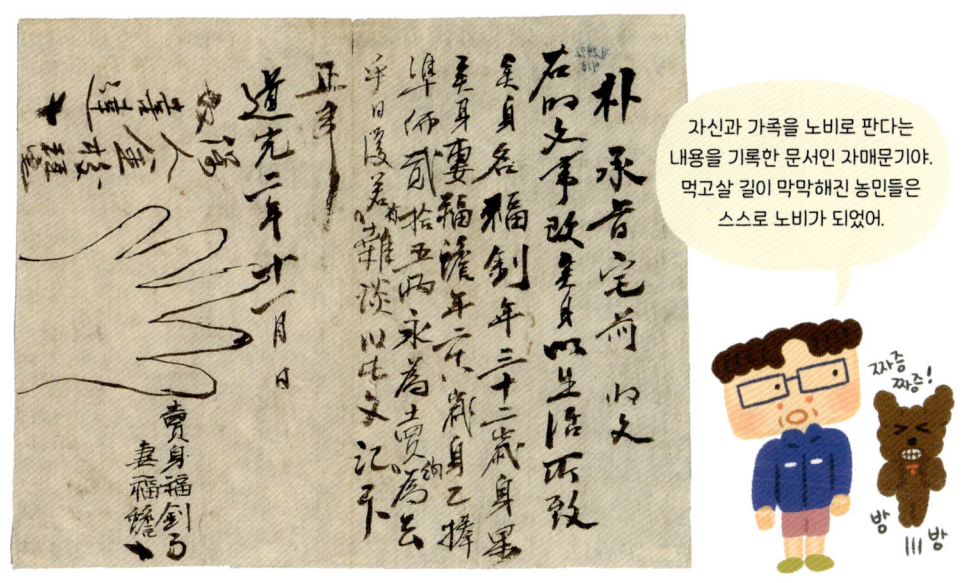

자신과 가족을 노비로 판다는 내용을 기록한 문서인 자매문기야. 먹고살 길이 막막해진 농민들은 스스로 노비가 되었어.

일반 농민들만 어려웠던 것은 아냐. 권력에서 밀려난 소론이나 남인, 지방의 양반들은 세도 가문에 눌려 완전히 힘을 잃었어. 경제적으로 성장한 상인이나 부유한 농민들도 이름뿐인 양반의 신분을 가졌지만 지배층이 될 수는 없었지. 게다가 이들은 어느 정도 재산을 가지고 있었기 때문에 가난한 농민들보다 수령이나 아전에게 더 많이 빼앗겼어.

이처럼 백성들의 불만이 높아지는 가운데 1811년에 평안도에서 홍경래를 중심으로 한 반란이 일어났어. 이를 '홍경래의 난'이라고 해. 그런데 왜 평안도에서 가장 먼저 반란이 일어났을까? 평안도 지방 사람들은 지역 차별을 받았어. 평안도나 함경도 사람들은 과거에 합격하기도 어려웠지만 합격해도 좋은 관직을 받을 수 없었어. 물론 세도 정치 이전에도 그랬지만 세도 정치 시기에는 더 심해졌지. 또 평안도에는 청나라를 상대로 장사하거나 금광, 은광으로 돈을 번 사람이 많았어. 이들은 그에 맞는 대우를 요구했지만 계속 인정받지 못했어. 이러한 지역 차별과 부패한 관리들의 착취 때문에 평안도에서 가장 먼저 반란이 일어났던 거야.

홍경래가 이끄는 반란군은 상인과 무사들, 광산 노동자 등이 중심을 이루었어. 이들은 한때 청천강 이북 지역 대부분을 점령할 정도로 기세가 컸으나, 관군에게 밀려 정주성으로 쫓겨 들어갔어. 하지만 포위된 상태에서도 오랫동안 정주성을 지키면서 버텼지. 관군은 정주성을 함락하지 못하자 성 아래에 굴을 파고 폭약을 터뜨려 성을 무너뜨렸어. 그러고는 앞(228~229쪽)에서 보았던 것처럼 성안으로 쳐들어간 거야. 그리고 성을 점령한 후에

홍경래의 난 때, 관군이 정주성을 공격하는 모습을 그린 그림이야.

는, 성안에 있던 3000명 중에서 여자와 10살 이하의 남자 어린이 1100명을 제외한 1900명 이상의 남자들을 모두 죽였어. 반란군이든 주민이든 가리지 않고 죽였다니, 정말 끔찍한 일이야. 그런데 왜 그렇게 잔인했을까? 일반적으로 주민들의 봉기가 일어나면 주모자를 제외한 대부분의 일반 주민들은 살려 주었어. 민심을 수습하기 위해서였지. 그런데 정주성을 점령한 관군은

주민들까지 반란 가담자로 몰아 모두 죽였어. 당시 조정에서 홍경래의 난을 아주 심각하게 여겼기 때문에, 다른 곳에서도 비슷한 저항이 일어나지 못하도록 하기 위해 강력하게 대응했던 거야.

홍경래의 난 이후에도 세도 가문은 여전히 권세를 누렸고 삼정의 문란은 고쳐지지 않았어. 결국 홍경래의 난이 일어난 지 50여 년 만인 1862년에, 진주에서 또다시 대규모 농민 봉기가 일어났어. 봉기는 세금 때문에 일어났어. 부패한 관리들이 중간에서 떼어먹은 세금을 농민들에게 다시 거두려고 한 것이 발단이었지. 농민들은 관청으로 쳐들어가 관리들을 굴복시키고 세금을 거두지 않겠다는 약속을 받아 냈어.

진주에서 시작된 농민 봉기는 경상도, 전라도, 충청도를 거쳐 전국으로 퍼져 나갔어. 가난한 농민들은 앉아서 굶어 죽을 수는 없었기 때문에 봉기에 참여했고, 부유한 농민들도 수령이나 향리의 수탈을 견디지 못해 난을 일으켰지. 1862년에 일어난 농민 봉기를 '임술 농민 봉기'라고 해. 임술년에 농민들이 들고일어났다는 뜻이야. 임술 농민 봉기를 시작으로 19세기 후반에는 여러 차례의 농민 봉기가 일어났어.

농민 봉기가 전국에서 일어나자 나라에서는 힘으로 진압할 수 없다는 것을 깨닫고, 관리를 파견해서 백성들이 봉기한 이유를 조사했어. 그러고는 부패한

임술 농민 봉기

수령이나 향리를 처벌하는 등의 조치를 취하려 했지. 또 삼정의 문란을 해결하기 위해 삼정이정청이라는 기구를 설치해서 개혁안을 논의하기도 했어. 그렇지만 근본적인 대책은 세우지 못했어. 세도 정치가 한창이던 19세기 후반에는 이렇게 나라가 어지럽고 혼란스러웠어.

진주 민란은 왜 일어났나요?

진주 민란이 일어난 경상남도 진주에는 경상도 우병영이 있었어. 조선 시대에 지방 병영은 군사 조직이었지만 세금을 거두는 역할도 했어. 그런데 경상 우병영에서는 백성들에게 많은 양의 곡식을 환곡으로 빌려주고 높은 이자를 받았기 때문에, 백성들이 많은 어려움을 겪고 있었어.

1861년에 백낙신이 부임하면서 백성들은 더 힘들게 됐어. 백낙신은 모든 세금을 하나로 묶어 마을 단위로 부과했어. 토지세와 군포, 환곡을 한꺼번에 마을에다 부과한 거야. 이 때문에 마을에 사는 주민들 중 힘이 있는 사람이 세금을 덜 내면 힘없는 사람이 그만큼 세금을 더 내야 했지. 게다가 그동안 관리들이 떼어먹은 세금까지 거두려 했어.

그러자 참지 못한 주민들이 들고일어났어. 주민들은 진주성에 쳐들어가 백낙신으로부터 세금을 걷지 않겠다는 약속을 받아냈어. 또 평소 주민들을 수탈하는 데 앞장섰던 관리들을 찾아내서 죽였지.

농민 봉기에 놀란 조정에서는 관리를 파견하여 사태를 수습하려고 했어. 하지만 진주에서의 봉기 소식이 전해지자 비슷한 고통을 겪고 있던 다른 지역 주민들도 들고일어났고, 봉기가 전국적으로 확산되었단다.

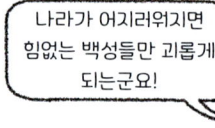

생각 넓히기

1. 생각해 보기

정조 이후에 왕위에 오른 순조부터 철종에 이르는 60여 년 동안에는, 어리고 약한 왕 대신에 왕실의 외척들이 권력을 독차지하고 세도 정치를 펼쳤어. 이런 상황이 계속되었을 때, 어떤 문제가 생길 것인지 생각해 보자.

- 왕이 아직 어리니 나랏일은 우리 안동 김씨가 한다!
- 왕이 또 어리니 이번에는 우리 풍양 조씨가 한다!
- 왕이 뭘 잘 모르니 다시 우리 안동 김씨가 한다!

2. 활동해 보기

세도 정치 시기에 나라의 기강이 무너지고 관리들의 부정부패가 심해지면서 세금 체계가 어지러워졌어. 이를 삼정의 문란이라고 하는데, 이로 인해 아래 그림처럼 백성들의 고통이 매우 컸지. 이런 문제를 해결하기 위한 공익 광고를 만들어 보자.

토지세 / 군포 / 환곡

내가 만든 광고

17장 새로운 종교와 사상

여기는 1784년 청나라의 수도인 북경이야. 성당 안에서 누군가가 세례를 받고 있어.
그런데 조선 사람인 것 같아. 옆에 조선 사람도 서 있네.
저 사람은 누구인데, 여기 중국에까지 와서 세례를 받는 것일까?

질문 있어요!

저기, 궁금한 게 있어요!

무엇이든 물어보세요!

저 사람은 어느 나라 사람인데, 북경에 와서 세례를 받는 긴가요?

조선 사람인데 조선에는 성당도 신부도 없기 때문에, 북경에서 세례를 받은 거예요.

그러면 조선에는 천주교가 널리 알려지지 않았을 텐데, 어떻게 세례 받을 생각을 한 걸까요?

천주교를 알려야겠어!

천주교를 신앙으로 믿게 되면서 천주교 신자가 생겨나기 시작했어. 그중에 이승훈은 북경에 가서 직접 세례를 받았지. 이처럼 선교사가 와서 전파하기 전에, 스스로 먼저 천주교를 받아들인 것은 아주 드문 일이란다.

1791 신해통공으로 자유롭게 장사할 수 있게 되다.

1811 홍경래의 난이 일어나다.

1860 최제우, 동학을 창시하다.

1866 병인양요가 일어나다.

천주교의 전래와 탄압

천주교가 조선에 알려진 것은 임진왜란이 끝난 뒤 명에 다녀온 사신들을 통해서였어. 당시 명나라에는 천주교를 전파하기 위해 서양에서 파견된 선교사들이 있었어. 이들은 천주교 교리를 소개하면서 서양의 과학 기술도 함께 알리고 있었지. 북경에서 서양 선교사들을 만난 조선의 사신들이 서양의 과학 기술 서적과 천주교 교리서를 함께 가져왔던 거야. 또 병자호란 이후에 청나라에 인질로 끌려갔던 소현 세자도, 북경에서 만난 서양인 선교사가 준 과학 기술 서적과 천주교 서적을 가져왔어. 이 때문에 처음에 조선에서는 천주교를 '서학'이라 불렀어. 하지만 서학이 천주교만을 가리키는 것은 아니었어. 서학이란 말이 '서양의 학문'이란 뜻이니, 천주교뿐만 아니라 서양의 학

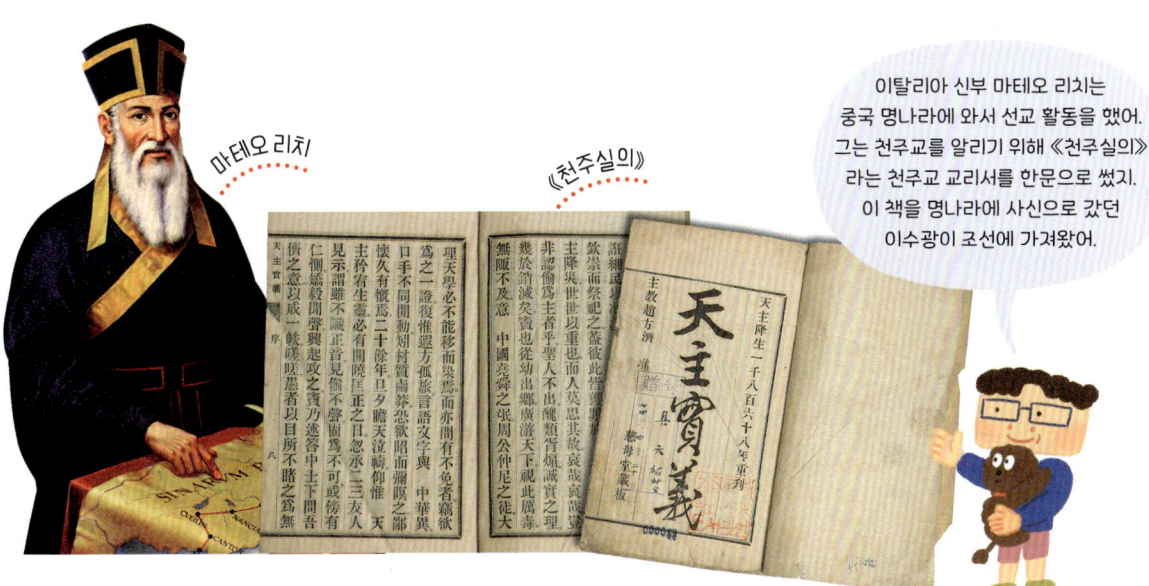

마테오 리치

《천주실의》

이탈리아 신부 마테오 리치는 중국 명나라에 와서 선교 활동을 했어. 그는 천주교를 알리기 위해 《천주실의》라는 천주교 교리서를 한문으로 썼지. 이 책을 명나라에 사신으로 갔던 이수광이 조선에 가져왔어.

새로운 종교와 사상

문이나 사상, 과학 기술 전체를 가리키는 말이었지. 그러니까 처음에는 천주교를 종교라기보다는 서양의 학문이나 사상의 하나로 생각했던 거야.

그러다가 18세기 후반에 천주교가 신앙으로 받아들여지기 시작했어. 권철신, 이벽, 이가환, 정약용 형제 등이 천주교를 믿기 시작했고, 이승훈은 북경에 가서 직접 세례를 받고 왔어. 앞(242~243쪽)에서 보았던 것이 이승훈이 북경 성당에서 세례를 받는 모습이야. 서양인 신부들은 스스로 세례를 받겠다고 멀리 조선에서 찾아온 이승훈을 보고 깜짝 놀랐다고 해. 이처럼 서양 선교사가 와서 전파하기 전에 스스로 먼저 천주교를 받아들인 것은 세계적으로도 아주 드문 일이야. '하늘이 무섭지 않느냐?'라는 말이 있는 것에서도 알 수 있듯이, 조선에는 원래 하늘을 섬기는 사상이 있었어. 그래서 하느님을 신으로 모시는 것도 자연스럽게 받아들여진 거야. 처음에는 정치적으로 힘이 없었던 남인들과 불우한 양반들이 주로 천주교를 믿었어. 그러다가 중인들을 비롯해 평민들이나 여자들도 천주교를 많이 믿게 되었지. 왜 천주교를 믿게 되었을까? 그건 바로 평등사상 때문이었어. 하느님 앞에 모든 인간은 평등하다고 믿는 천주교의 교리는 신분의 차이를 인정하지 않는

우리나라에서 최초로 세례를 받은 이승훈의 모습이야.

절두산 순교 성지에 있는 우리나라 최초의 신부인 김대건의 동상이야. 천주교를 전하다가 잡혀 죽었어.

것으로 받아들여졌거든.

처음에는 천주교 신자가 늘어나도 큰 문제가 생기지 않았어. 하지만 시간이 지나 천주교가 널리 퍼지면서 조상에 대한 제사를 지내지 않는 등 유교적 이념과 충돌이 생겨났어. 이런 일이 있었어. 전라도에 사는 천주교 신자 윤지충이 돌아가신 어머니에게 제사도 지내지 않고, 제사 지낼 때 쓰는 어머니 위패도 없애 버린 거야. 나라에서는 사회 질서를 어지럽히고 백성들에게 나쁜 영향을 미친다는 이유로 윤지충을 잡아들여 사형에 처했지. 이런 일이 일어나자 나라에서는 성리학의 원리에 어긋난다며 천주교를 금지하고, 서학과 관련된 서적도 수입하거나 읽지 못하도록 했어.

이처럼 천주교 믿는 것을 금지했지만 정조는 천주교를 심하게 탄압하지 않았어. 정조는 남인들을 많이 등용했는데 남인 중에 천주교를 믿는 사람이 많았거든. 이를 못마땅하게 여긴 노론 세력이 천주교 신자가 많다는 이유로 남인들을 몰아내려 했지만 정조가 이에 반대했어. 정조가 반대한 이유는 남인들이 없어지면 자신이 추구하는 탕평책을 제대로 추진할 수 없고, 세력이 강한 노론들에게 휘둘리게 될 수 있기 때문이었어.

절두산 순교 성지에 있는 순교 박물관이야. 절두산은 서울시 마포구 한강변에 있는 절벽인데, 원래 이름은 용두봉, 혹은 잠두봉이라고 했어. 그런데 이곳 아래 새남터에서 천주교 신자들이 처형된 뒤부터, '머리를 잘린 산'이라 하여 절두산이라고 불리게 된 거야. 순교 박물관은 이곳에서 죽은 신자들을 위해 세운 거란다.

하지만 정조가 죽고 순조가 즉위하자 남인들은 정치적으로 몰락했고 천주교도 크게 탄압을 받았어. 그래서 신부와 신도 등 많은 사람들이 처형당하는 일이 일어났지. 천주교에 대한 탄압이 심해지자 황사영이라는 천주교 신자가 중국 북경에 있는 프랑스 주교에게 편지를 썼어. 프랑스 군대를 동원하여 조선을 공격하라고 요청하는 편지를 쓴 거야. 이를 통해 신앙의 자유를 얻을 수 있도록 하려는 거였어. 그러나 황사영이 쓴 편지는 보내지지 못했어. 보내기 전에 발각되고 말았거든. 이 일 때문에 천주교에 대한 탄압은 더욱 심해졌어.

탄압에도 불구하고 천주교 신자들의 수는 꾸준히 늘었어. 조선 교구가 따로 독립되었고 서양인 선교사뿐 아니라 조선인 신부도 생겼지. 이처럼 천주교가 널리 퍼진 데에는 모든 사람이 평등하다는 평등사상뿐 아니라, 죽은 후에 천국에 갈 수 있다는 교리의 영향도 있었어. 세도 정치와 수탈, 각종 재해로 인해 살기가 힘들어진 백성들에게 천주교가 희망을 준 거야. 서양 선교사와 조선인 신부, 일반 신자 등 많은 사람들이 처형당하는 탄압이 계속되었지만, 신자 수는 계속 늘어 19세기 후반에는 3만 명에 이를 정도가 되었어.

예언 사상과 《정감록》의 유행

세도 정치 시기를 거치면서 탐관오리의 수탈은 갈수록 심해졌고 백성들은 희망을 가질 수 없었어. 게다가 각종 자연재해와 전염병이 백성들의 삶을 더욱 힘들게 만들었지. 전국적으로 홍수와 가뭄이 번갈아 나타나고 콜레라를 비롯한 전염병이 돌아 많은 사람들이 목숨을 잃었어. 그러자 각종 예언 사상과 도참설이 널리 퍼져 나갔어. 팍팍한 현실의 삶을 견디기 어려운 백성들은 무당에게 의지하기도 하고, 미래에 좋은 세상이 올 것이라는 예언 사상을 믿기도 했어. 특히 조선 왕조가 곧 무너지고 정씨 성을 가진 사람이 왕이 되어 새로운 나라를 세울 것이라는 내용이 실린 《정감록》이 크게 유행했지. 《정감록》은 왕의 입장에서는 반역이었기 때문에, 책을 빼앗아 불태우고 그 내용을 말하는 것을 금했어. 그렇지만 아무리 억눌러도 살기 좋은 세상이 오기를 바라는 백성들의 소망을 억누르지는 못했어. 이 때문에 《정감록》이 크게 유행했던 거야.

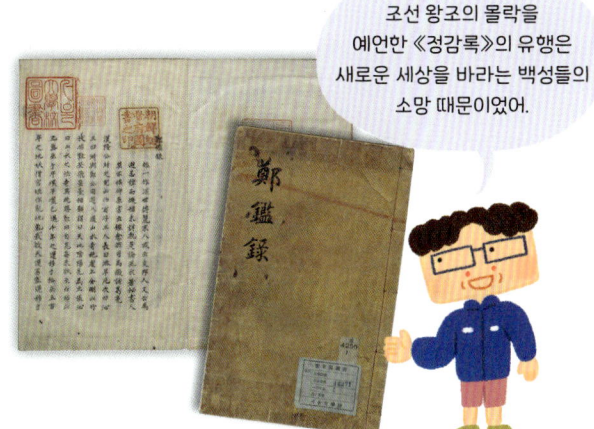

조선 왕조의 몰락을 예언한 《정감록》의 유행은 새로운 세상을 바라는 백성들의 소망 때문이었어.

또한 미륵 사상도 널리 퍼졌어. 불교에서 미륵불은 미래의 이상 세계에 나타나 모든 중생을 구제한다는 부처님이야. 현실 세계에서의 삶이 너무 힘들어지자 얼른 괴롭고 힘든 이 세상이 끝나고 좋은 미래가 오기를 바라는 사람들이 많아졌고, 이 때문에 미륵불을 섬기는 사람들이 늘어난 거야. 이런 분위기 속에서 자신이 살아 있는 미륵불이라고 하면서 백성들을 현혹하는 무리들도 나타났어.

전라도 고창 선운사에 있는 마애불이야. 이 불상은 고려 시대에 조각된 거야. 조선 후기에 불상 안에 숨겨져 있는 책을 꺼내면 조선이 망한다는 이야기가 전해졌어.

새로운 종교와 사상

동학의 창시와 확산

세도 정치 시기에 삼정의 문란으로 살기 힘들어진 백성들은 예언 사상이나 미륵 사상에 빠지고, 사회는 점점 어지러워져 갔어. 이런 상황에서 서양 세력이 등장하여 위기감은 더욱 커졌지. 청나라가 서양 세력과의 전쟁에서 패배하였다는 소식이 전해지자, 조선도 서양 세력에게 침략당할지 모른다는 위기감이 커진 거야. 청나라를 가장 강한 나라로 알고 있던 조선 사람들에게 서양 세력이 청나라를 굴복시켰다는 것은 큰 충격이었어.

이러한 분위기 속에서 경주 출신의 몰락한 양반 최제우가 동학이라는 새로운 종교를 만들었어. 서양 세력이 천주교, 즉 서학을 앞세워 침략해 들어오니, 이를 막기 위해서 우리가 믿고 의지할 종교가 있어야 한다는 생각에서 새로운 종교를 만든 거야. 동학이라는 이름은 서학에 대항한다는 의미에서 붙인 이름이지. 최제우는 세상이 곧 망할 것이며 천지개벽에 의해 새로운 시대가 온다고 예언했어. 또 주문을 외우고 부적을 태워 마시거나 가지고 있으면 병을 고칠 수 있고 영원히 살 수 있다고 주장했어.

최제우는 《동경대전》이라는 동학의 경전을 지었어.

동학을 창시한 최제우의 모습이야.

동학은 창시되고 얼마 지나지 않아 많은 사람들이 믿게 되었어. 동학이 이처럼 많은 사람들에게 큰 호응을 얻었던 이유는 모든 사람이 평등하다고 주장했기 때문이야. 모든 사람은 신분이나 재산, 남녀노소의 구별 없이 서로 존중해야 한다고 주장했어. 다 같이 한울님을 모시고 있으니 하늘을 섬기는 것처럼 서로 존중해야 한다는 거지. 이러한 평등 사상에 공감한 많은 백성들이 적극적으로 동학을 받아들였고, 동학은 남쪽 지역을 중심으로 급속히 퍼져 나갔어.

하지만 나라에서는 동학 사상을 위험한 것으로 보았어. 모든 사람이 평등하다는 주장은 신분 제도와 사회 질서를 어지럽히는 것으로 보였고, 새로운 세상이 올 것이라는 예언은 왕조를 무너뜨리려는 것으로 받아들여졌지. 이에 나라에서는 백성들을 현혹하고 사회를 어지럽힌다는 이유로 동학을 금지했고 최제우를 처형했어. 그러나 그 뒤를 이은 최시형이 동학 교리서를 펴내고 조직을 정비하면서 동학의 세력은 더욱 커졌어.

천주교나 민간 신앙, 동학은 교리가 서로 달랐고, 적극적으로 받아들인 사람들도 달랐으며 믿는 이유도 달랐어. 하지만 모두 평등을 내세우고 새로운 세상을 꿈꾸는 등 기존의 사회 체제를 바꾸려 했어. 이 때문에 지배층의 탄압을 받았지. 그렇지만 탄압에도 불구하고 세력은 더욱 커졌어. 특히 동학의 평등사상과 민족의식은 개항 후에 일어난 동학 농민 운동 등 사회 변동에 큰 영향을 미쳤어.

천주교는 어떻게 동양에 전파되었나요?

유럽에서 천주교의 힘이 약화되자, 천주교 교단에서는 아메리카 대륙이나 아시아 지역을 선교의 대상으로 삼으려는 움직임이 생겼어. 예수회가 가장 먼저 선교 활동에 나섰지.

그런데 문제가 있었어. 천주교에서는 하느님 이외에 어떤 것도 신으로 섬길 수 없지만, 유교 사상이 강한 중국이나 일본, 조선에서는 조상에게 제사를 지내는 것이 중요했거든. 예수회 선교사들은 자기들의 교리를 내세워 충돌이 생기면 선교를 할 수 없기 때문에, 조상 숭배나 제사에 대해 크게 문제 삼지 않았어.

그래서 천문, 역법 등에 능한 마테오 리치가 명나라에 와서 서양의 과학 기술을 먼저 소개했어. 그런 다음에 《천주실의》라는 교리서를 지어, 하느님은 중국인들이 생각하는 신과 다르지 않다고 설명하면서 선교를 시작했지. 이처럼 자연스럽게 선교 활동을 하면서 신자들의 수가 크게 늘었어. 일본에서도 이런 식으로 선교를 했고 많은 신자가 생겼어.

하지만 교황청은 조상에 대한 제사를 허용하는 것은 우상 숭배라면서, 제사를 인정하지 말라고 예수회 선교사들에게 지시했어. 이 때문에 자신들의 고유문화와 충돌하는 천주교를 허용하지 않게 되었고 탄압이 벌어졌지. 조선에서 천주교 탄압이 시작된 것도 이 문제가 발단이 되었단다.

생각 넓히기

1. 생각해 보기

조선 후기에 천주교가 들어와 조선의 유교적 이념과 충돌하면서, 나라에서는 천주교를 탄압하는 정책을 펼쳤어. 다음은 그 과정을 설명한 글이야. 이러한 천주교 탄압 정책에 대한 자신의 생각을 써 보자.

> 천주교가 널리 퍼져 나가면서 조상에 대한 제사를 지내지 않는 등 유교적 이념과 충돌이 생겨났다. 그러자 나라에서는 성리학의 원리에 어긋난다며 천주교를 금지하고, 서학과 관련된 서적도 수입하거나 읽지 못하도록 했다. 이런 일도 있었다. 전라도에 사는 천주교 신자 윤지충이 돌아가신 어머니에게 제사도 지내지 않고 어머니 위패도 없애 버렸다. 나라에서는 사회 질서를 어지럽히고 백성들에게 나쁜 영향을 미친다는 이유로 윤지충을 잡아들여 사형에 처했다.

2. 활동해 보기

최제우는 천주교, 즉 서학에 대항하기 위해 동학이라는 새로운 종교를 창시했어. 동학은 얼마 지나지 않아 많은 사람들이 믿게 되었지. 다음은 최제우가 동학에 대해 설명하는 그림이야. 최제우의 연설에 각 신분의 사람들은 어떤 반응을 보였을지 추측하여 써 보자.

말풍선: "모든 사람은 평등합니다! 양반이나 평민이나 똑같이 서로 존중해야 합니다!"

평민   여성   양반

18장 대원군의 집권과 중흥 노력

여기는 1866년 강화도의 정족산성이야. 조선군이 다른 나라 군대와 싸우고 있어. 예상하지 못한 공격을 받아서 그런지 상대가 당황한 것 같네. 그런데 상대가 중국이나 일본은 아닌 것 같고 서양 군대인 것 같아. 어느 나라가, 왜 조선까지 쳐들어온 걸까?

질문 있어요!

1791	1811	1860	1866
신해통공으로 자유롭게 장사할 수 있게 되다.	홍경래의 난이 일어나다.	최제우, 동학을 창시하다.	병인양요가 일어나다.

고종의 즉위와 대원군의 내정 개혁

1860년대는 삼정의 문란 때문에 진주를 비롯한 전국 각지에서 민란이 일어나는 등 어수선한 시기였어. 이런 때에 철종이 아들이 없이 죽고 말았지. 그러자 왕실에서는 가까운 왕족 중에서 왕을 정했는데 이 왕이 바로 고종이야. 그런데 이때 고종의 나이가 겨우 12살이어서, 고종의 아버지인 이하응이 정치를 대신하게 되었어. 이 사람이 흥선 대원군이야. 대원군이란 왕의 아버지를 가리키는 말인데, 고종의 아버지인 이하응은 흥선군이라 불리고 있었기 때문에 고종이 왕이 되자 흥선 대원군이 된 거야. 고종을 대신하여 실질적인 권력을 갖게 된 그는 안동 김씨를 비롯한 세도 가문들을 물리치고 국왕과 왕실의 권위를 회복하려 했어. 또한 일반 백성들에게 피해를 주던 삼정을 비롯해 각종 사회 문제를 해결하기 위해 노력했지.

> 고종을 대신해서 정치를 한 흥선 대원군이올시다. 나는 왕실의 힘과 권위를 회복하기 위해 노력했소.

대원군은 우선 경복궁을 다시 짓도록 했어. 경복궁은 조선 건국과 동시에 지어진, 조선 왕실의 대표적인 궁궐이었지만 임진왜란 때 불탄 이후 폐허가 되어 있었어. 대원군은 이를 다시 지어 국왕의 권위를 높이려 했던 거야. 또 비변사를 없애고 의정부에서 정책을 논의하거나 건의하도록 했어. 앞에서 세도 가문들이 비변사에 모여 모든 일을 자기들에게 유리하도록 결정했다고 한 것 기억하지? 대원군

대원군의 집권과 중흥 노력

이 비변사 대신 의정부에서 일을 처리하도록 한 것은, 몇몇 세도 가문이 국가 정책을 마음대로 결정하지 못하도록 하기 위해서였지.

그리고 농민 봉기의 원인이 되었던 삼정의 문제를 해결하기 위해 노력했어. 대원군은 우선 땅의 면적과 등급을 다시 조사하여 토지세를 공정하게 매기도록 했어. 부자들이 관리들에게 뇌물을 주고 농사를 망친 것처럼 꾸며서, 가난한 농민들만 세금을 내던 것을 고치도록 한 거야. 군포를 걷는 방법도 바꾸었어. 이전까지는 평민 남성만 군포를 내고 양반은 군포를 내지 않았어. 이를 바꿔 양반을 포함한 모든 집이 군포를 내도록 한 거야. 가가호호 군포를 부과했다고 하여 '호포제'라고 불러. 사람이 아니라 집집마다 군포를 부과했기 때문에 이제 양반들도 군포를 내게 되었지. 삼정 중에서 가장 문제가 컸던 환곡은 국가나 관청에서 관리하지 않고 마을에서 직접 관리하게 했어. 환곡을 관리하기 위해 사창이라는 관청을 세우고, 여기서 일하는 사람은 마을 주민들이 직접 뽑도록 했어. 이렇게 해서 탐관오리들이 중간에서 자기 욕심만 채우지 못하게 한 거야.

또 나라에 낼 세금을 면제받는 등 많은 혜택을 누리던 서원을 대폭 줄였

어. 서원은 여러 혜택에도 불구하고 백성들에게 돈을 빼앗는 등 지방 사회에서 횡포를 부리고 있었거든. 고종이 왕이 되었을 때 서원이 1천여 개가 있었는데, 대원군은 그중 이미 국가에서 공인받은 사액 서원 47개만 남기고 나머지는 모두 없애 버렸지. 서원을 근거지로 활동하면서 군역을 피하고 국가에 대한 각종 부담을 면제받고 있던 지방의 양반들이 크게 반발했지만, 대원군은 강하게 밀어붙였어. 그는 "백성을 해치는 자는 공자가 다시 살아난다 해도 내가 용서하지 않을 것이다."라고 말했다고 해.

이러한 개혁에 힘입어 백성들을 괴롭히던 문제들이 상당히 해결되었고 국가의 재정 수입도 늘어났어. 세도 정치의 폐해와 삼정의 문란으로 생긴 문제점이 많이 해결된 거란다.

외세의 침입에 맞서다

19세기 초부터 서양의 군함과 상선들이 조선과 중국, 일본 바닷가에 나타나는 일이 잦아졌어. 이들은 해안선을 측량하거나 무역을 하자고 요구했지.

그러다가 영국이 1840년에 아편 전쟁을 일으켜 청나라를 침략했고, 1860년에는 영국과 프랑스가 힘을 합쳐 북경을 점령하기도 했어. 미국도 1850년대에 일본에 군함을 보내 힘으로 위협해서 국교를 맺고 무역을 하게 되었어. 또 러시아는 시베리아 벌판을 지나 동쪽 해안까지 영토를 넓힌 뒤에 아시아 쪽으로도 세력을 뻗치려 했어.

대원군은 이런 국제 정세 속에서 외세로부터 조선을 지키기 위해 여러 가지 노력을 기울였어. 천주교도들이 서양인들과 결탁하여 외세를 끌어들이려 한다고 생각하여, 프랑스인 신부와 수천 명의 신도들을 처형했어. 그러자 1866년 9월에 프랑스는 군함과 군사들을 보내 조선을 공격했지. 프랑스군은 강화도를 점령하고 조선 정부에 천주교 박해를 중지할 것과 프랑스인 신부를 죽인 자를 처벌할 것, 자기 나라와 통상할 것을 요구했어. 하지만 대원군은 이를 거부하고 군대를 보내 싸우게 했어. 양헌수가 이끄는 포수 부대는 강화도 정족산성에 숨어 있다가 프랑스군을 공격하여 큰 피해를 입혔

강화도를 점령한 프랑스군의 모습이야. 프랑스군은 강화도에 20여 일 동안 머물면서, 외규장각 도서를 약탈하고 건물을 불태우는 등 여러 행패를 부렸어.

어. 앞(254~255쪽)에서 보았던 것이 바로 정족산성에서 조선군이 프랑스군을 맞아 용감하게 싸우는 모습이야. 이 싸움에서 패배한 프랑스군은 큰 타격을 입고 곧 철수하고 말았지. 이 사건을 병인양요라고 하는데, '병인년인 1866년에 서양인들이 일으킨 난리'라는 뜻이야.

그런데 이때 프랑스군은 철수하면서 강화도에 있는 외규장각의 중요한 책들을 훔쳐 갔어. 외규장각이란 정조 때 강화도에 세운 것으로, 창덕궁에 있는 규장각의 별채에 해당하는 서적 창고야. 프랑스군은 이곳에 보관되어 있던 수천 권의 소중한 책들 중 약 340권을 가져가고, 나머지는 외규장각 건물과 함께 태워 버렸어.

한편 프랑스 군대가 쳐들어오기 두 달 전인 7월에는 평양에 나타난 미국 상선 제너럴셔먼호가 불태워진 사건이 있었어. 미국 상인들이 배를 몰고 서해안에 나타나 자기들과 통상할 것을 요구했어. 조선이 요구를 들어주지 않자 대동강을 거슬러 올라와 평양성 앞에서 총으로 주민들을 죽이는 등 행패를 부렸지. 이에 분개한 평양의 주민들과 군인들이 합세하여 이 배를 공격했어. 배는 불태워지고 타고 있던 사람들은 모두 죽고 말았어.

평양에 나타난 미국의 상선 게너럴셔먼호의 모습이야. 대동강을 거슬러 올라와 행패를 부리다가 불태워졌어.

신미양요 당시 강화도의 광성보를 함락시킨 뒤의 미군들 모습이야.

그런데 미국 상인의 난동과 프랑스군의 침략이 일어난 지 3년도 지나지 않은 1868년에는, 오페르트라는 독일 상인이 고종의 할아버지이자 흥선 대원군의 아버지인 남연군의 무덤을 도굴하려고 한 일까지 일어났어. 조상의 시신을 볼모로 삼아 통상을 요구하려 한 이 사건으로, 조선인들의 외세에 대한 감정은 더욱 나빠질 수밖에 없었어.

그런 상황에서 미국이 1871년에 군인을 실은 군함을 보냈어. 겉으로는 제너럴셔먼호가 불태워진 사건을 조사한다는 명목이었지. 하지만 사실은 일본에서와 마찬가지로 힘으로 위협해서 조선과 수교 조약을 맺고 무역을 하려는 속셈이었어. 그러나 이미 서양에 대한 백성들의 감정이 너무 나빠져서 돌이킬 수 없는 상황이었어. 미군이 강화도의 포대를 공격하자 어재연 장군이 이끄는 조선군 부대는 전멸당할 때까지 싸워 강한 저항 의지를 보였지. 이에 미군은 강화도를 점령해서 조선을 압박할 계획을 포기하고 후퇴할 수밖에 없었어. 이 사건은 신미양요라고 하는데, '신미년인 1871년에 서양인들이 일으킨 난리'라는 뜻이야.

세계사 연표

1405년	명나라, 정화의 남해 원정
1421년	명나라, 베이징 천도
1429년	잔 다르크, 영국군 격파
1450년	구텐베르크, 활판 인쇄술 발명
1453년	비잔티움 제국(동로마 제국) 멸망
1455년	영국, 장미 전쟁
1492년	콜럼버스, 아메리카 항로 발견
1498년	바스쿠 다가마, 인도 항로 발견

도요토미 히데요시

1517년	루터의 종교 개혁
1519년	마젤란, 세계 일주(~1522년)
1526년	무굴 제국 성립
1536년	칼뱅의 종교 개혁
1562년	프랑스, 위그노 전쟁
1590년	도요토미 히데요시, 일본 통일
1600년	영국, 동인도 회사 설립
1603년	일본, 도쿠가와 이에야스 집권
1616년	후금 건국
1618년	독일, 30년 전쟁(~1648년)
1642년	영국, 청교도 혁명(~1649년)
1644년	명나라 멸망, 청나라 중국 통일
1688년	영국, 명예혁명
1701년	프로이센 왕국 성립

프랑스 혁명

1765년	제임스 와트, 증기기관 완성
1776년	미국, 독립 선언
1789년	프랑스 혁명
1796년	청나라, 백련교도의 난
1799년	프랑스, 나폴레옹의 권력 장악
1840년	청·영국, 아편 전쟁(~1842년)
1848년	유럽, 1848년 혁명
1851년	청나라, 태평천국 운동(~1864년)
1861년	미국, 남북 전쟁(~1865년)
	중국, 양무운동 시작
1863년	링컨, 노예 해방 선언
1868년	일본, 메이지 유신

아편 전쟁

찾아보기

ㄱ

간도 문제 142
갑자사화 47
강홍립 118
객주 193~194
거북선 102~103
거중기 167~168, 208
경복궁 13, 257
경연 48, 61
계유정난 41
고종 257, 264
공납 89, 133
공명첩 173~175, 182
곽재우 106
관혼상제 62
광해군 118~119, 133, 150
《구운몽》 217~218
군역 90, 92
군포 92, 164, 176, 233~234, 258
권율 107
규장각 166~167
균역법 164, 234
기묘사화 50
김득신 21~222
김만중 217~218
김상헌 128
김시민 106
김정호 211
김정희 210
김조순 232
김종서 32, 41
김홍도 168, 221~222, 226
김효원 148~149

ㄴ

남인 150~152, 154~155
남한산성 124
노론 153, 155, 161, 247
노비 종모제 175
녹로 167~168
누르하치 117

ㄷ

대간의 30
대동법 133~134, 137, 150, 190
《대동여지도》 211
도요토미 히데요시 99~100, 110
도형 93
돈의문 16
《동의보감》 134~135
동인 147~150
동학 250

ㅁ

명량 해전 110
명분론 44
《목민심서》 208~209
무오사화 46
미륵 사상 249
민본주의 58~59

ㅂ

박제가 208
박지원 208, 212, 218
박팽년 42, 52
방납 90
백낙신 240
백두산 정계비 140, 142
병인양요 261, 264
병자호란 122, 126
보부상 76, 193
보인 90~92, 164
북벌 정책 137
북인 150
북학 139, 207, 209
붕당 147, 155~156, 161~163
비변사 232, 257

ㅅ

사간원 19, 23
4군 32
사대 관계 127
사도 세자 162
사림 44~47, 50~51, 147
《사씨남정기》 218
사육신 42, 52
사직 13
사헌부 19, 23
사형 94
사화 45
삼강오륜 60

《삼강행실도》 62
삼사 23
삼전도의 굴욕 126
삼정 233, 257~258
상평통보 195~196
서운관 30
서원 51, 84, 258~259
서인 147~152, 154
서학 245, 250
성균관 83~84
성리학 57~58, 203
성삼문 42, 52
성종 43~44
세도 정치 231~233
세조 42~43
세종 27~36
소론 153, 155
소지문(숙정문) 16
송시열 153~154
수양 대군 41~42
숙종 153~155
숭례문 16
승정원 23
시전 191~192
신경준 210
신립 101, 112
신미양요 262
신윤복 221~222
신진 사대부 16, 57~58
신해통공 193
실학 204~205
심의겸 148~149

ㅇ

안용복 141
앙부일구 31
양명학 204
양안 88
연산군 46
《열하일기》 212
영조 161~164
예송 논쟁 152
왕도 정치 58
외규장각 260~261, 264
《용비어천가》 28
유교 57
유득공 210
유수원 207
유형 93
유형원 205~206
육의전 75, 192
6조 거리 16
6신 32
을사사화 50
의병 105
의정부 22, 257
이긍익 210
이방원 17, 19
이성계 13, 18~19
이순신 101, 104, 106, 109~110
이승훈 246
이앙법 188
이이 52, 59, 149
이익 205~206
이종무 33
이중환 211
2차 왕자의 난 19
이황 52, 59, 149
인조반정 119
1차 왕자의 난 19
임상옥 198
임술 농민 봉기 239
임진왜란 99, 117

ㅈ

자격루 31
장영실 34
장형 93
장 희빈 153~155
《정감록》 249
정도전 17~19
정묘호란 120, 122
정병 90~92, 164
정상기 211
정선 221
정약용 167, 208~209, 211
정여립 149
정유재란 108
정조 165~168, 247
정철 149
제너럴셔먼호 261
조광조 48~50
조총 99~100, 104, 109
조헌 106
종묘 13
주자 57, 63
《주자가례》 63
중종반정 47
직파법 187~188
진경산수화 219, 221
진주 민란 240

ㅊ

척화비 263
천자총통 33
천주교 204, 245~248, 252
청금록 179
청요직 178
최만리 36
최명길 128
최시형 251
최윤덕 32
최제우 250~251
측우기 31

ㅌ

탕평책 162, 247
태형 93
통신사 136

ㅍ

판옥선 102~103
풍속화 221, 226

ㅎ

하멜 137~138, 205
학익진 102
한명회 41, 43
한백겸 210
한산도 대첩 102
향약 48~49, 51
허균 217
《허생전》 218
허준 134~135
호패법 20
호포제 258
혼천의 30
홍경래 237~239
《홍길동전》 217
홍대용 207
홍문관 23
화성 167~168, 208
《화성 성역 의궤》 168
환곡 233, 235, 258
환국 153, 156
황사영 248
효종 137, 151
후금 117~118
훈구 세력 43~45, 50~51, 147
훈민정음 27~28, 36
흥선 대원군 257, 262
흥인지문 16

사진 제공

14 숙정문, 경복궁, 사직단, 숭례문(북앤포토), 돈의문(kt-collection/북앤포토)/ 14-15 도성도(서울대학교규장각한국학연구원)/ 15 세종로, 종묘, 흥인지문, 보신각(북앤포토)/ 20 호패(문화재청)/ 23 해치상(부산시립박물관)/ 28 훈민정음 해례본(©간송미술문화재단), 용비어천가(서울대학교규장각한국학연구원)/ 30 혼천의(국립중앙박물관), 대간의, 소간의(북앤포토)/ 31 앙부일구(북앤포토), 자격루(국립고궁박물관)/ 33 천자총통, 화차(북앤포토)/ 35 편경(pixta), 편종, 축, 박, 어(국립국악원), 진고(©서울대학교박물관 이미지제공)/ 42 사육신 묘(북앤포토)/ 47 연산군 묘(연합뉴스)/ 49 조광조(용인시박물관), 조광조 유배지(북앤포토)/ 51 소수서원(영주시청)/ 59 퇴계 초상화(도산서원), 도산 서원(Image click), 율곡 초상화(북앤포토), 자운 서원(연합뉴스)/ 61 왕세자 입학도(국립고궁박물관)/ 62 삼강행실도(석진단지)(국립중앙박물관)/ 63 주자가례(Chinese Rare Book Collection (Library of Congress))/ 65 가족 제사(pixta), 삼강행실도(루백포호)(서울대학교규장각한국학연구원)/ 70 벼타작(국립중앙박물관)/ 72 평생도(혼례, 삼일유가, 정승행차, 회혼례)(국립중앙박물관)/ 74 논갈이, 길쌈(국립중앙박물관)/ 75 새참(국립중앙박물관)/ 76 보부상(국립중앙박물관)/ 77 대장간, 무동(국립중앙박물관)/ 83 서당(국립중앙박물관), 부여 향교 명륜당(Image Korea)/ 84 성균관(북앤포토)/ 85 근정전 품계석(북앤포토)/ 88 양안(문화재청)/ 93 장형(인제대학교 김학수기념박물관), 세한도(문화재청)/ 99 조총(북앤포토)/ 103 거북선(연합뉴스)/ 108 행주 대첩 기록화(북앤포토)/ 110 명량해전 기록화(문화재청 현충사관리소)/ 111 귀무덤(pixta)/ 113 곽재우(의령군청 제광모)/ 119 강홍립의 항복(서울대학교규장각한국학연구원)/ 120 호병도(국립중앙박물관)/ 124 남한산성(북앤포토)/ 125 삼전도비(북앤포토)/ 127 연행도(숭실대학교한국기독교박물관)/ 135 동의보감(서울대학교규장각한국학연구원), 허준(허준박물관 소장, 북앤포토 사진제공)/ 136 국서누선도(국립중앙박물관)/138 하멜 표류기(copy Oxford University), 하멜, 조선 후기 조총(북앤포토)/ 139 만국래조도(베이징국립고궁박물관)/ 140 백두산 정계비(정성길)/ 141 독도(정책브리핑), 안용복 동상(부산 수영구)/ 143 조선통신사(국사편찬위원회)/ 151 광해군 부부 묘지(북앤포토)/ 152 효종 국장 도감 의궤(서울대학교규장각한국학연구원)/ 162 영조 어진(국립고궁박물관), 탕평비(북앤포토)/ 163 속대전, 해동지도(서울대학교규장각한국학연구원), 여지도서(한국교회사연구소)/ 166 규장각도(국립중앙박물관), 정조 어진(어진박물관)/ 167 서장대 성조도(국립고궁박물관), 수원 화성(북앤포토)/ 173 교지(국립고궁박물관), 공명첩(호남권 한국학자료센터)/ 175 족보(국립중앙박물관)/ 177 유숙의 수계도(국립민속박물관)/ 179 청금록(국립민속박물관)/ 180 자리 짜기(국립중앙박물관)/ 189 저잣길(국립중앙박물관)/ 190 대지주 소작료 납입(연합뉴스)/ 191 종로 거리 지도(서울역사박물관)/ 194 조선 시대 어음(원 소장처 한국금융사박물관 소장유물, 이미지 제공처 실학박물관)/ 195 상평통보(북앤포토)/ 205 천리경, 자명종(숭실대학교 한국기독교박물관), 안경과 안경집(실학박물관)/ 206 반계수록(조세박물관), 성호사설(성호박물관)/ 207 홍대용 초상(실학박물관), 혼천의(숭실대학교 한국기독교박물관)/ 208 정약용 초상(소장처 한국은행, 화가 월전 장우성), 목민심서, 거중기(북앤포토)/ 210 발해고(북앤포토)/ 211 동국지도 중 함경북도 부분(서울역사박물관), 대동여지도(문화재청)/ 213 천하도(영남대학교박물관)/ 217 홍길동전, 구운몽(서울대학교규장각한국학연구원)/ 220 고사관수도(국립중앙박물관)/ 222 서당도(국립중앙박물관)/ 223 금강산 모양의 연적, 나전칠기 경대(국립민속박물관), 필통(국립중앙박물관)/ 224 평양도 중 판소리(©서울대학교박물관 이미지제공)/ 225 봉산탈춤(연합뉴스)/ 226 씨름(국립중앙박물관)/ 227 봉산탈춤(말뚝이춤)(정지현)/ 234 균역사목, 군적

대장(조세박물관)/ 237 자매문기(국립중앙박물관)/ 238 정주성 공격도(서울대학교규장각한국학연구원)/ 245 천주실의 표지, 내지(가톨릭대학교 전례박물관), 마테오 리치(The History Collection/ Alamy Stock Photo)/ 246 이승훈 초상(서울대교구 주교좌명동대성당), 김대건 동상(북앤포토)/ 247 질두산 공원(북앤포토)/ 249 정감록 표지, 내지(서울대학교규장각한국학연구원), 선운사 마애불(북앤포토)/ 250 최제우 초상(천도교자료실 제공), 동경대전(연합뉴스)/ 251 최시형(국립중앙박물관)/ 257 흥선대원군(kt-collection/북앤포토)/ 260 강화도의 프랑스 군인(kt-collection/북앤포토)/262 신미양요 당시 미군(Artokoloro/ Alamy Stock Photo)/ 263 척화비(북앤포토), 고종(kt-collection/북앤포토)

- 이 책에 있는 사진은 해당 사진을 보유하고 있는 단체와 저작권자의 허락을 받아 게재했습니다.
- 저작권자를 찾지 못하여 게재 허락을 받지 못한 사진은 확인하는 대로 허락을 받고, 통상적인 기준에 따라 사용료를 지불하겠습니다.